U0743609

『心灵的光明』电网员工心理健康读本

与企业共舞

——企业核心价值篇

张琦　肖安◎编著

中国电力出版社

图书在版编目（CIP）数据

与企业共舞：企业核心价值篇/张琦，肖安编著．—北京：中国电力出版社，2015.8

（"心灵的光明"电网员工心理健康读本）

ISBN 978-7-5123-7782-0

Ⅰ.①与…　Ⅱ.①张…②肖…　Ⅲ.①企业-价值论-研究-中国　Ⅳ.①F279.2

中国版本图书馆CIP数据核字（2015）第103414号

中国电力出版社出版、发行

（北京市东城区北京站西街19号　100005　http://www.cepp.sgcc.com.cn）

北京盛通印刷股份有限公司印刷

各地新华书店经售

*

2015年8月第一版　2015年8月北京第一次印刷

787毫米×1092毫米　32开本　3.875印张　65千字

定价：13.00元

敬 告 读 者

本书封底贴有防伪标签，刮开涂层可查询真伪

本书如有印装质量问题，我社发行部负责退换

版权专有　翻印必究

丛书编委会

总 策 划：刘克兴

主　　编：张　静

副 主 编：郭伾生　王雪梅

委　　员：李勤道　任林举　陈红军　罗钟灵　史宝钢

　　　　　何新洲　陈　军　唐娅静　马　伟　杨舍近

　　　　　姚秀辉　李丹丹　李大鹏

编写人员：（按姓氏笔画排序）

　　　　　于　磊　王　英　王存华　王熠姝　孔　洁

　　　　　叶丽萍　刘琼珍　刘新茹　闫翠萍　李　俊

　　　　　杨华伟　肖　安　肖逾白　张　琦　张葵葵

　　　　　陈淑萍　杭天依　周海萍　袁丽华　姬中勋

　　　　　魏建云

随着经济全球化和信息技术的迅猛发展，企业和员工都在承受着前所未有的生存与发展压力。近年来，华为"自杀门"、富士康"13连跳"等系列事件，凸显出我国企业员工心理健康问题形势的严峻性，已成为社会关注的热点。

电网企业是重要的国家能源配置平台，是国家综合能源运输体系的重要组成部分，也是做强做优国家能源产业的关键。电网企业的运营效率关系着百姓切身利益、社会和谐稳定、经济健康发展，受到全社会的高度关注。近年来，随着我国经济社会的迅速发展和电网企业的不断壮大，电网企业员工不可避免地受到来自方方面面的压力——企业转型、工作业绩、职位晋升、薪金待遇、人际关系、恋爱婚姻、家庭生活等等。面对重重压力，员工的心理健康状况不容乐观，同时也给企业安全生产、和谐稳定带来巨大隐患。

国家电网公司多年来一直坚持"以人为本、忠诚企业、奉献社会"的企业理念，关注员工心理健康，提高员工心理资本，让员工充满激情、快乐地工作，已成为当务之急，刻不容缓。

《"心灵的光明"电网员工心理健康读本》正是在这样的背景下，在国家电网公司工会、思想政治工作部的大力支持和积极关注下应运而生，旨在结合电网企业员工工作性质，从心理健康、安全心理、企业精神、职业道德、管理艺术、沟通技巧、压力管理、入职适应、婚恋家庭、亲子教育、女性心理、安享晚年等12个方面入手，全面培养员工的心理健康意识、职业道德、职业心态、职业素养，提高员工工作的积极性、主动性，激发员工内在的工作动力，树立负责、宽容、积极、进取、协作、敬业、诚信、追求卓越的人格品质，并藉此向全体员工传递健康向上的工作和生活态度，为塑造阳光心灵、放飞幸福梦想开启一扇明亮的窗。

本套丛书采用口袋书的形式，便于携带，方便广大员工在工

作之余、旅途之中、闲暇之时阅读；同时采用图文结合的形式，漫画生动、活泼，使员工在轻松地阅读中了解很多与自身息息相关的心理学知识。

关注心理健康，成就卓越人生。让我们打开书本，从关爱自己的心理开始，做一个心理健康的优秀员工吧！

编者

2015年8月

谁持彩练舞，当空影蹁跹？在湛蓝苍穹之下，一条条银线飞架东西，一股股电流互通南北，这背后，有多少手持彩练身怀绝技的舞者，在这天穹留下过自己的身影？是天空更美，还是舞者更令人赞叹？是天空给了舞者广阔的舞台，还是舞者令这空阔之穹如此丰富？或者，舞者本就是这广阔舞台不可分割的一部分？

没有悬念。企业与员工，就如大海与鱼，天空与飞鸟，大地与树木，江河与溪流，共生共长，荣辱与共，树的奉献是大地的涵养，鸟的飞翔是天空的向往，鱼的欢快是大海的胸怀，你是我的写照，我是你的怀抱。

一种生活产生一种文化，一种文化规范一种生活；一个企业产生一种企业文化，一种企业文化规范一个企业。企业文化是人化，也是化人。企业精神是企业文化的核心，是企业与员工共同的价值取向和行为导向。要融入一个企业，就从了解、认同和践

行它的文化、精神、核心价值观开始吧。

国家电网公司经营区域覆盖我国26个省（自治区、直辖市），从喜马拉雅到鼓浪屿，从东北黑土地到西北黄土坡，多姿多彩，美轮美奂，处处闪现着动人的故事……天山脚下的东沟变电站，地点偏僻，人烟稀少，一对乌鲁木齐公司的夫妻档职工忠诚地守护26年，对设备像对自己的孩子一样呵护和熟悉，临近退休的夫妻俩觉得那里不仅是座变电站，更是他们的家；国网吉林电力巡线工吕清森用30多年来坚守一条线路的责任心，将崎岖险峻的山路走成了一条光明大道，30多年安全运行无事故的价值是对责任最好的诠释；国网湖北宜昌供电公司只有初中文化水平的配电工娄先义，20年来坚持自学电力技术，亲身参与了30项技术革新工作，完成了10多项技术革新与改造项目，并获得国家专利，将"创新"烙印在先锋旗帜上；国网山东电力的"善小"文化传承国网精神，以爱和奉献为导向，坚持十余年探索和实践，

不仅涌现出一大批优秀集体和个人，遍布管理、生产、营销、服务各个岗位，更擦亮了国家电网品牌。

与企业共舞，请勿忘初心，以个人的忠诚原则、主动作为，打造一个重信守诺的企业，将诚信视为企业立业、员工立身的道德基石。

与企业共舞，请共同承担，以员工的恪尽职守、弛而不息，塑造责任央企的良好形象，用责任铸成勇挑重担、尽职尽责的工作态度。

与企业共舞，请立足岗位，以自觉的勤学好思、积极进取，破解工作中的热点难点问题，将创新作为推动企业发展、事业进步的根本动力。

与企业共舞，请真诚以待，以持续的胸怀全局、心系客户，培养大爱无疆的精神气质，将奉献作为爱国爱企、爱岗敬业的自觉行动。

海阔凭鱼跃，天高任鸟飞。跃，要跃出海的气魄；飞，要飞向天之辽远。与企业共舞，要舞出卓尔不群的风采，舞出同频共振的力量，舞出神形合一的美！

聋哑人集体舞蹈《千手观音》在2005年中央电视台春节联欢晚会播出后，红遍大江南北，不仅这支特殊的舞蹈被人们记住了，中国残疾人艺术团也备受关注，领舞邰丽华更是家喻户晓。在舞蹈中，她无疑是灵魂人物，21人集体演出，观众看到的就只她一个人的脸。而她在接受采访时说："我只是整个团体中的一员，团体中的每一个演员和工作人员都是十分优秀、出色的。"她说，她始终知道自己身后还有20人，而且，"幕后还有老师、编导。如果没有后面的团队，就不会有这么好看的动作；如果没有老师的帮助，我们就不会听到音乐。"

一花独秀不是春，一个邰丽华演不出美妙绝伦的千手观音；百花齐放春满园，千百个团结敬业的你、我、他（她）才能成就大家共同的事业。

目录

第一章
用我行写我心

勿忘初心

有个老木匠向老板递了辞呈，准备告老还乡，回家与妻儿享受天伦之乐。老板舍不得他的好员工离开，问他是否可以帮忙建最后一座房子，老木匠不好拒绝只能勉强允诺。在建造房子过程中，老木匠的心显然已不在工作上，不再像以前一样对材料精挑细选，对工艺精益求精了。

转眼就过去了两个月，房子马上就要竣工了，老木匠一想到自己回家的日期就忙于赶工。等到房子竣工时，老板把一串大门钥匙亲手递给他。"这是你的房子，"老板说，"我送给你的退休礼物。"

老木匠震惊得目瞪口呆，同时又羞愧得无地自容。如果他早知道是在给自己建房子，他怎么会这样漫不经心、敷衍了事呢？他可是有着行业内公认的好手艺啊，可是现在他只好住在一幢粗制滥造的房子里！

每个人在工作中的表现往往都是其心态的投影。如果老木匠以最初的诚意对待每一项工作，那么他的礼物应该是一件旷世之作。每个人从踏进职场的豪情满怀，到一路走来的风轻云淡，都有其不同的经历，或一帆风顺，或平平淡淡，或历经艰辛，或起伏跌宕……但是，不管处在什么时段，我们是不是都该想一想，我们最初的信仰为何？我们究竟是为谁而工作？无论在顺境还是逆境，无论是处在起步还是终点，我们是不是都该勿忘初心，始终以诚信之心对待工作、对待企业、对待客户，以及对待我们自己呢？

第一节　忠诚立身　勿忘初心

🦋 老锁匠修锁无数，技艺高超，收费合理，深受人们敬重。

老锁匠老了，为了不让他的技艺失传，人们帮他物色徒弟。最后，老锁匠挑中了两个年轻人，将一身技艺传给他们。一段时间后，两个年轻人都学会了不少东西，但是两个人中只能有一个得到真传，老锁匠决定对他们进行一次考试。

老锁匠准备了两个保险柜，分别放在两个房间内，让两个徒弟去打开。结果，大徒弟用了十分钟就打开了保险柜，而二徒弟用了半个小时。老锁匠问大徒弟："保险柜里有什么？"大徒弟眼中发出了光亮："师傅，这里面全是百元大钞。"老锁匠又问了二徒弟同样的问题，二徒弟支吾了半天，说："师傅，我没看见，你只让我打开锁。"

老锁匠十分高兴，郑重宣布二徒弟为他的正式接班人。对此，老锁匠解释说："不管干什么行业，都讲一个'信'字，尤其是我们这一行，要有更高的职业道德。我收徒弟，是要把他培养成一个高超的锁匠，他需做到心中只有锁，而无其他。否则，稍有贪心，登门入室易如反掌，最终只能害人害己。我们修锁的人，每个人心上都要有一把不能打开的锁！"

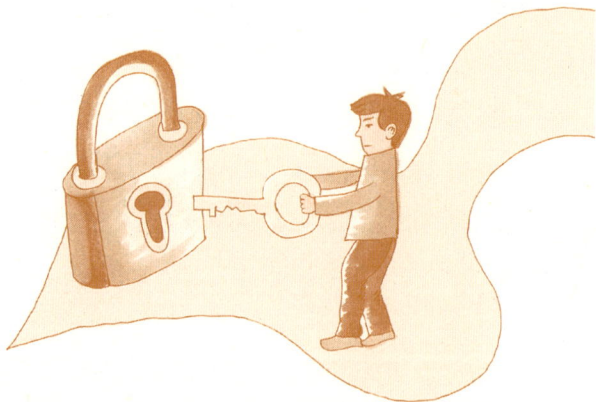

　　对于职业的忠诚并不仅仅是为了从职业中获取某种利益，而是把自己的工作当成信仰，把每一次任务当成使命；在现代社会，真正的忠诚更应该是一种职业的责任感和使命感。如果缺少了充分的责任感和使命感，即使能够利用自身的职业技能获取一定的物质利益，可是在精神上，这样的人却依然是贫穷的。

所谓忠诚，意为尽心竭力，赤诚无私。企业员工的忠诚度是指员工对于企业所表现出来的行为指向和心理归属，即员工对所服务的企业尽心竭力的奉献程度，它是一个量化的概念。忠诚度是员工行为忠诚与态度忠诚的有机统一。行为忠诚是态度忠诚的基础和前提，态度忠诚是行为忠诚的深化和延伸。

🍂 国网宜昌供电公司客户服务中心党支部书记李元成，在20世纪70年代，与同乡付先根一同入伍。1978年年底的一天，李元成接到紧急命令，当晚将开赴前线。离别在即，李元成和付先根约定：如果一方牺牲，活着的就代为照顾父母。第二年3月，付先根牺牲。

1980年年初，李元成复员回乡，随即承担起上门照顾付先根父母的责任。他三天两头往付家跑，每年二老的生日，还有春节，更是雷打不动地上门看望，过年时会把各项年货都置齐……就这样李元成坚持了34年，期间还为付先根的父亲治疗重病并送终。在工作中，他坚持"做人要实诚、工作要实在"的信条，从一名电管站工人到正式留用，再到被破格提拔为供电所所长，他一直忠诚于自己的企业和事业，将一个各项工作较落后的供电所，打造为"安全事故降为零，用电欠费降为零，服务投诉降为零"的先进单位。

2014年8月，首部全方位解读和展示社会主义核心价值观的电视专题片《国魂》，在中央电视台财经频道首播，李元成作为诚实守信的典型人物，亮相时长3分钟。李元成先后荣获湖北省道德模范、湖北省劳动模范、全国"孝亲敬老之星"、国家电网公司"劳动模范"等荣誉称号。2013年9月，他获得第四届"全国道德模范提名奖"，受到习近平等中央领导的亲切接见。

员工忠诚可分为主动忠诚和被动忠诚。前者是指员工主观上具有忠诚于企业的愿望，这种愿望往往是由于组织与员工目标的高度一致，组织帮助员工自我发展和自我实现等因素造成的。被动忠诚是指员工本身不愿意长期留在组织里，只是由于一些约束因素，如高工资、高福利、交通条件等，而不得不留在组织里，一旦这些条件消失，员工就可能不再对组织忠诚了。

员工忠诚于企业，就是忠诚于自己的事业。对企业有着较高忠诚度的员工，不仅会诚信对待工作，还会大大激发其主观能动性和创造力，使员工潜在能力得到充分发挥。员工忠诚度的提高与客户满意度的提高存在着直接的促进作用，忠诚度高的员工会在面对客户时诚信以待，企业每名员工的忠诚度提高了，企业竞争实力也就得到了提升，客户满意率也会提高，这将更好地引导员工与企业共同成长。

心海箴言　　像蜡烛为人照明那样，有一分热，发一分光，忠诚而踏实地为人类伟大事业贡献自己的力量。

心理测试

忠诚度测试

（1）你能否将工作单位和家庭的需要摆在自己的需求之上？

（2）假如你使别人感到失望，是否会感到不快乐？

（3）你因病无法工作，会为此感到失望吗？

（4）你度假时，会操心工作吗？

（5）你是否认为自己的幸福是第一位的？

（6）你愿意在新年时帮别人加班吗？

（7）你愿意为国捐躯吗？

（8）你愿意为自己的一家牺牲自己吗？

（9）假如你发现自己的朋友偷了东西，你会去报警吗？

（10）假如你发现自己的配偶偷了东西，会去报警吗？

（11）假如你的母亲偷了东西，你会去报警吗？

（12）假如你应征入伍，你会不会马上找个借口不参军？

（13）你会为了接受1万元人民币，而将自己单位的机密透露给竞争对手吗？

（14）你会为了接受10万元人民币，而将自己单位的机密透露给竞争对手吗？

（15）你会为了接受100万元人民币，而将自己单位的机密透露给竞争对手吗？

（16）你会为了接受1000万元人民币，而将自己单位的机密透露给竞争对手吗？

（17）你会为了1万元人民币而背叛自己的祖国吗？

（18）你会为了10万元人民币而背叛自己的祖国吗？

（19）你会为了100万元人民币而背叛自己的祖国吗？

（20）你会为了1000万元人民币而背叛自己的祖国吗？

计分方法：

（1）是1否0；（2）是1否0；（3）是1否0；（4）是1否0；（5）是0否1；（6）是1否0；（7）是1否0；（8）是1否0；（9）是0否1；（10）是0否1；（11）是0否1；（12）是0否1；（13）是0否1；（14）是0否1；（15）是0否1；（16）是0否1；（17）是0否1；（18）是0否1；（19）是0否1；（20）是0否1。

结果分析：

得分为12~20分：你十分忠诚，将别人放在第一位，将自己放第二位来考虑。你的无私精神使得任何人都愿意雇你工作。

得分为7~11分：你基本忠诚，但你可能被人引诱（尤其是通过金钱和其他物品）。

得分在6分及以下：你把对别人的忠诚看得很轻。你对十分亲密的朋友和亲戚会感到有忠诚的必要，但一般来讲，你信奉"人不为己，天诛地灭"的原则。有些人或许会认为你是自私的，但你宁愿认为自己是现实的。

第二节 守好"有所不为"

🌿 在瑞典一所学校的一次语言试卷中，有一道阅读题，大意是猎人一边教孩子狩猎的技巧，一边教孩子做人的道理。文章下面列出了几个思考题，让学生回答。

一个瑞典孩子在试卷上写道："请老师原谅，这是一篇很无聊的文章，我拒绝回答和它相关的任何问题。"

老师看到后，既生气又不解，问道："你为什么觉得这篇文章无聊？"

孩子毫不掩饰地回答："我们全家都是动物保护者，狩猎是非法的，而这篇文章写的却是狩猎。"

老师恍然大悟，但接着又问："我们是想从文中学到一些做人的道理，这与动物保护没有多少冲突，你不应该拒绝回答问题呀！"

"老师，我反对您的观点，连动物保护都做不到，还谈什么做人的道理呢？"这个孩子非常认真地回答。

老师又说："这只是一篇哲学小品文，想通过一个故事给人们一点启示罢了，你想得可能有些复杂了。"

"不，我想得并不复杂，其实很简单，这篇文章触犯了我的原则。"孩子坚定地说。

究竟是复杂还是简单？在大人眼里，这只是一道启示类的题目，并没有让这个孩子真正地去狩猎，根本不值得这样大惊小怪，但是在孩子眼里，这道题的内容却真实地触碰了他的原则底线。在生活和工作中，每个人都有自己的原则和底线，如果遇到触犯了自己原则的事情，我们会像那个瑞典孩子一样，勇敢地说"不"吗？特别是像这个故事中，看上去似乎无关紧要，加上还有他人启发和诱导时，我们还能毫不犹豫地说"不"吗？正是由于原则问题不停地拷问着人们，才让我们对这个瑞典孩子肃然起敬！

所谓原则性，是指一个人做事的底线，一般来讲大都有不触犯法律，不损害国家、集体及个人利益，不损害个人尊严的意思。

什么是违背原则性的问题？从广义上来说，就是指做人、做事侵犯了国家法律、道德底线或公众共同认知的理念，侵害了国家、集体利益，冒犯了个人尊严、基本人权等；从狭义上来说，也可指做人、做事侵犯了某个人处事的态度底线（如宗教信仰、对某事物的偏好等）。触犯原则性问题通常是不可逆的、无可挽回的，是不被原谅、不被饶恕的，是要被严肃处理的。

🌿 在许多人眼里，物资采购岗是个有实权的岗位，处在这个岗位上捞点好处是天经地义的事情。国网忠县供电公司物资供应中心采购专责——邓小林也明白物资采购岗位的特殊性，因为常常与各个供应厂商直接或间接打交道，不免遇到一些厂家老板的递"好处"或宴请邀约。他始终坚信只要管住自己的手和嘴，供应商就无空子可钻，一切工作便能按规矩办。

2013年6月，公司采购的工器具按时间要求应该在5月20日前到货，供应商延期半个月仍未将货品送齐，邓小林多次催促供应商尽快送齐，并将其未按时履约的情况上报给了市物资配送中心。该厂家重庆片区的负责人刘经理专程到忠县找到邓小林谈及未到货的原因，在道歉之后，顺手将一个厚厚的信封塞给了邓小林。邓小林立即退还信封并严肃地说："这样不行，如果这次收了你的钱，那不是以后每次你都可以延迟交货？你们按时送齐货品并质量合格，就是对我工作最大的支持。"未达到目的的刘经理，回渝后第二天就安排人员补齐了货品。

在现代社会，人们所追求的，更多的是"有所为"——要成功、要发财、要出人头地、要有所作为。可是，通向"有所为"的道路并非一帆风顺，不仅有坎坷挫折，可能还会有各种诱惑，遇到这种情况的时候，我们应该冷静地想一想，是"有所为"更重要，还是"有所不为"更重要？如果牺牲了"有所不为"的原则和底线，那么换来的那个"有所为"，还有它本来的价值吗？

一个人在工作中，为了"有所为"而不坚持原则，不仅会损害企业利益，更会置自己于不诚信、不道德的境地，严重的还可能触犯法律法规。古语有云，"勿以恶小而为之"，说的就是防微杜渐，不能因为事小，或者以为能瞒天过海，就违背原则、突破底线。一旦底线被突破，就像鸡蛋有了裂缝，时间长了，一定会变质甚至彻底坏掉。

心海箴言　　一个没有原则和没有意志的人就像一艘没有舵和罗盘的船一般，他会随着风的变化而随时改变自己的方向。

心理测试

原则性测试

独自一人出行，进入一片森林，感觉非常累，忽然发现一小屋，你想进屋休息，此时你希望屋门是哪种打开状态？

A. 大开着　　　　B. 关闭着

C. 半开半闭　　　D. 不进小屋

结果分析：

选A：你处理事情单一、直接，做事欠考虑，冲动，容易招人怨，即便对人慷慨施恩，也不为人所理解，常常处于被动状态。

选B：你害怕拒绝，自尊心强，时常会有试探性举动，小心翼翼，无法承受冲击力较强的事情。

选C：你比较慎重，做事留有余地，但有时却因为考虑过多而失去机会，无法把握重大决策。

选D：你很有主见，自我观念强，判断力强，做事果断坚决，不容易受人左右，常有出人意料之举。

第三节 企业是我家

春秋时期，秦国派杞子、逢孙、杨孙三人领军驻守郑国，美其名曰：帮助郑国守卫其国都。公元前628年，杞子秘密报告秦穆公，说他已"掌其北门之管"，即掌握了郑国国都北门的钥匙，如果秦国进攻郑国，他将做秦国内应，协助秦国攻郑。

秦穆公接到杞子的密报后，觉得机不可失，立即派孟明视、西乞术、白乙丙三位将军率兵进攻郑国。秦军经过长途跋涉后，终于来到离郑国不远的滑国，刚好被在这里做生意的郑国商人弦高碰到。弦高一面派人向郑穆公报告，一面到秦军中谎称自己是代表郑国前来慰问秦军的。弦高说："我们君王知道你们要来，特派我送来一批牲畜来犒劳你们。"

郑穆公接到了弦高的密报后，急忙派人到都城的北门查看，果然看见杞子的军队"束载、厉兵、秣马矣"，完全处于一种作为内应的作战状态。于是，郑穆公派皇子向杞子说："很抱歉，恕未能好好款待各位。你们的孟明视就要来了，你们跟他走吧！"

杞子等人见事情已经败露，便分别逃往齐国和宋国去了。

这个故事是成语"厉兵秣马"的出处，同时，我们从中看到了郑国商人弦高的高度主人翁意识，不管身处何处、何种境地，都能为了保护自己国家的利益主动作为。他既不是军人，也不是官员，没有人规定他必须参与保卫祖国的战争，但是，他时刻关心祖国的安危，就算在境外做生意，也主动帮助自己的国家通风报信、解危解困，这是因为他对国家有着"家"一般的归属感，才能滋养出高度的主人翁精神。

归属感（又称认同感）是指一个人对某件事物、某个组织的从属感觉，是一种主观的个人感受。例如，一个对公司有归属感的人，可能会对公司有一种"家"的感觉，觉得自己是这家公司的一份子；相反，一个对国家没有归属感的人，可能会

觉得自己在这个国家只是一个过客，终有一天会离开。一个人对某件事物、某个组织的归属感，可以影响他对这件事物、这个组织的忠诚度。

心理学研究表明，每个人都害怕孤独和寂寞，希望自己归属于某一个或多个群体，如家庭、工作单位，或者某个协会、某个团体，这样可以从中得到温暖，获得帮助和爱，从而消除或减少孤独和寂寞感，获得安全感。

在群体内，成员可以与别人保持联系，获得友情与支持；成员之间在发生相互作用时，其行为表现是协调的，同一个群体的成员在一致对外时，不会发生矛盾和摩擦，彼此都体会到大家都同属于一个群体，特别是当群体受到攻击或群体取得荣誉的时候，群体成员会表现得更加团结。

员工归属感是指员工经过一段时期的工作，在心理上对企业产生了认同感、公平感、安全感、价值感、工作使命感和成就感，这些感觉最终内化为员工的归属感。归属感的形成是一个复杂的过程，但一旦形成后，将会使员工产生内心自我约束力和强烈的责任感，调动员工自身的内部驱动力而形成自我激励，最终产生投桃报李的效应。

🦋 如果有一个人对您说"看见铁塔导线就觉得亲切，看到灯火通明就觉得自豪"，那就不难猜出他的职业。

当他再对您说"一个人要爬遍每一座山是不可能的，但是你心中一定要有一座山"，就不难听出他的胸怀是多么宽广。

当这个人在生命的最后时刻对您说："有病不能干重活，让我审核一下图纸总可以吧"，也不难感受到他的生命态度与价值。

他的临终遗言是："希望把自己安葬在能看得到铁塔的地方……"

他，就是国网宁波供电公司副总工程师——江小金。

在他58载的人生历程中，写下了一长串闪光的数字：

经手完成300多个输电线路工程设计，设计校核的图纸超过18000张。

带领同事完成4700多千米110千伏及以上输电线路的设计任务；踏遍11750多座电力铁塔下的土地，踏勘里程无法计算丈量……

2008年年初，浙江遭受百年不遇的特大冰雪灾害，宁波电网处在全线崩溃的边缘，江小金又冲在了最前线！其实那会儿，他已经开始觉得身体不适了，但他还是忍着疼痛，硬是拄着拐杖，奔走在一个个位于崇山峻岭的事故抢修现场。多少人劝他回家休息，他却一直不肯："这些线路的设计和施工我都参与过，我熟悉……"宁波无恙了，他又率队驰援受灾更为严重的台州电网。

2009年4月，江小金被确诊患上了罕见的皮肤细胞淋巴瘤。从确诊到病逝的20个月中，他承受了常人难以想象的18次化疗！但只要稍能走动，他就会回到心爱的工作岗位上。领导和同事们前去探望，听到的都是他对电力事业发展的构想。就在他去世前两天，他还主动打电话约电力设计院许院长见面，亲手交给许院长一张看似普通的A4纸。许院长接过来一看，滚烫的泪水顿时夺眶而出，她无法想象她最尊敬的老师是怎样颤抖着手，歪歪扭扭地写下这10条屯山变电站投产的注意事项。可江小金还是不放心，一条一条地解释给她听。而此时他的口腔已经严重糜烂，不仅吃不了东西，而且每说一个字都会钻心地疼，得靠喝水防止口腔脓血粘连。其实何止屯山变电站，江小金心里放不下的，是他心爱的电力事业！

农历大年三十，病床上的江小金缓缓闭上了眼睛。

"没有登不上的高峰，没有过不去的海洋，插上坚强的翅膀，我要飞向远方。"江小金走了，回到了故乡，长眠在奉化长汀，在他的前方，有座屹立的铁塔，仿佛依然伴着他在海际天边踏勘巡线，聆听他朴实而自豪的声音："我这一生，就是在地球上轻轻地画了几条线……"

　　员工培养自己对企业的归属感，能激发主人翁意识，自觉地心系企业荣辱兴衰，自动自发地维护企业利益，主动发挥才能推动企业进步，员工个人也能在企业的进步中找到自己的价值。

心海箴言　　锦绣河山收拾好，万民尽作主人翁。

——朱德

心理测试

职业归属感测试

下面10个问题，请你根据当前情况，对问题作出回答并评分，然后计算分数。

（1）我愿意在工作中承担重大责任。
（2）我在意一个组织的发展。
（3）我愿意为现在的工作施展自己的才干。
（4）我愿意在工作中发挥自己的影响力。
（5）我愿意在组织中拥有一定的地位。
（6）我能够掌握在组织中人际关系的分寸。
（7）现在的组织给我一定的安全感。
（8）我愿意承担组织赋予我的职责。
（9）我在工作中能找到很多乐趣。
（10）我会把自己的发展和组织的发展结合起来。

计分方法： 做肯定回答计3分，不好说计1分，做否定回答计-1分。

结果分析：

得分大于16分：你目前的组织归属感处于上佳状态。你目前有比较强的组织归属感，对自己在组织中的发展方向和途径有清楚的认识和职业规划；你愿意在组织中占据一定的位置，并为组织承担重大责任，你更加在意一个组织的发展，并愿意为组织施展自己的才干；你更愿意在组织中的岗位上实施自己的影响力，偶尔也会出现个人英雄主义行为，和大多数人相比，你更可能通过组织实现自己的想法；你的状态在不同的企业文化、不同职位上，会有不同的效果；需要注意，如果你的职位不高，你的状态可能会让你产生越权行为。

得分为10~16分：你目前的组织归属感处于一般状态。你目前有一定的组织归属感，和大多数人相似，你会按要求完成本职工作，对在组织中的发展有一定的期望；你愿意在组织中拥有一定的地位，发挥自己的影响力；你相对能够掌握分寸，保持在组织中的适合地位；你对目前的组织有一定的安全感，愿意通过组织实现自己的想法，愿意承担组织赋予自己的责任，多数情况下，会把自己的发展和组织的发展结合起来。

得分小于10分：你目前的组织归属感处于不佳状态。你的组织归属感较弱，你有些被动合作的感觉，可能你找不到在组织中的位置，可能你不愿意为组织承担责任，也可能是因为你在组织中缺乏安全感；如果你是管理者，通常不愿或者无法承担重大责任；如果你是一般员工，你通常遵从权威，更加强调服从，不能主动发挥自己的影响力；你的状态对于你的晋升有较明显的障碍，对你在组织中的稳定性也有一定的影响，组织归属感和企业文化、管理风格有很大关系，也和你的理念、个性有很大关系，建议你根据自己的需求作相应的调整。

第二章
扛起一片天

岗位职责
工作任务

有一家医院，一位年轻的护士学员第一次担任责任护士。如果此次手术后她被外科医生评定为合格，那么将获得护士合格证书。

复杂艰苦的手术从清晨进行到黄昏，终于接近尾声。主刀的外科专家即将缝合患者的伤口，女护士突然严肃地盯着他说："大夫，我们用了10块纱布，您只取出了9块。"外科专家道："这不可能，我已经都取出来了，你不要妄加判断。""不会的！"女护士坚持抗议，"我记得清清楚楚，手术中我们用了10块纱布。"外科专家不耐烦地说："我是医生，我有权决定缝合伤口！"女护士毫不退让，她大声道："正因为您是医生，您更不能这么做，我们要对患者负责！"

这时，外科专家严肃的脸上才泛起欣慰的笑容。他举起左手手心里攥着的第10块纱布道："你是正确的，你是一名合格的护士。"

当我们在对企业和客户负责的时候，就是在对我们自己和自己的事业负责。在企业中，无论我们身处哪个工作岗位，每个人都承担着岗位职责和工作义务，不论责任轻重，那都是我们头顶的一片天，所有人共同扛起来，才是一片完整的天空。

第一节　做一个有担当的人

2012年5月29日中午，杭州长运客运二公司驾驶员吴斌驾驶浙A19115大型客车从无锡返回杭州，车上有24名乘客。11：40左右，车行驶至锡宜高速公路宜兴方向阳山路段时，一块铁片像炮弹一样袭来，在击碎挡风玻璃后，砸向吴斌的腹部和手臂。

车载监控的画面记录下了吴斌最后刹车时坚强的1分16秒：被击中的一瞬间，吴斌看上去很痛苦，扶稳方向盘后本能地用右手捂了一下腹部，但他没有紧急刹车或猛打方向盘，而是强忍着疼痛把车缓缓减速，停靠在路边，打起双闪灯，拉好手刹，最后他解开安全带挣扎着站起来，回头对受惊吓的乘客说："别乱跑，注意安全。"

乘客们见状，马上报警。吴斌随后被送往无锡解放军101医院救治。按医生的说法，他的肝脏就像被掏空了，另外多根肋骨断裂，肺肠也严重挫伤，能坚持安全停车和疏散乘客，简直是个奇迹。6月1日凌晨，吴斌因伤势过重去世。

什么是临危不惧？什么是责任？吴斌以自己的生命诠释了责任的真正含义，感动了无数的人。

责任心是指个人对自己和他人、对家庭和集体、对国家和社会所负责任的认识、情感和信念，以及与之相应的遵守规范、承担责任和履行义务的自觉态度。一般来说，责任就是义务，工作责任心就是职业义务，是靠外在的行为规范力量来推动的。具有责任心的员工，会认识到自己的工作在组织中的重要性，把实现组织的目标当作自己的目标。

🌱 2015年2月26日，是春节后上班的第二天，许多人还沉浸在节日的气氛中。国家电网公司的运维人员不仅一年365天都在岗，即便是节假日也不例外，而且越是节假日保电压力越大，因此，他们的责任心和警惕性比平时还要强。

当天上午11：00，国网黄冈供电公司检修分公司英山城关运维班运维人员在巡视35千伏方咀变电站时，发现运行中的方55开关C相电流互感器瓷绝缘子有一半破裂，检查综自后台及保护装置未发现任何相关报文，方55开关运行正常。运维人员立即将现场发现的设备缺陷汇报相关部门，并申请县调将故障设备停运。由于运维人员在巡视过程中履职履责，巡视仔细，及时发现设备异常，确保了变电站设备安全稳定运行。

具有高度工作责任心的员工，应具备以下特征：

（1）为成功完成工作而保持高度热情和付出额外努力。

（2）自愿做一些本不属于自己职责范围内的工作。

（3）团结合作，乐于助人。

（4）遵守组织的规定和程序。

（5）赞同、支持和维护组织的目标。

有人曾这样说过："责任通常分两种，一种如清茶，倒一杯是一杯，永远是被动；另一种如啤酒，刚倒半杯，便已泡沫翻腾，永远是主动。"对我们而言，只做清茶是不够的，我们要做的是啤酒，要主动作为。很多人都看过阿尔伯特·哈伯德的《致加西亚的一封信》，书中的主人公罗文之所以在困难重重中能够

把信送给加西亚将军，是因为他知道自己所肩负的是一场战争的胜败，一个国家兴亡的重大责任。正是这种强大的责任心，提高了他完成任务的勇气和决心，增强了他的主动性和执行力。

心海
箴言

　　一个人若是没有热情，他将一事无成，而热情的基点正是责任心。

——托尔斯泰

心理测试

责任感测试

下面是30道测试题，如果做肯定回答，请在后面写"+"；如果做否定回答，请在后面写"-"。

（1）你觉得自己非常有良心吗？

（2）你经常准时赴约吗？

（3）你是否认为值得做的事就一定要做好？

（4）你是否总能受到别人的信赖？

（5）你是否喜欢顺其自然的生活？

（6）你经常把事情拖到非做不可的时候再去做吗？

（7）你偶尔有"凡事顺其自然"的倾向吗？

（8）你是否难以胜任需要持续集中注意力的工作？

（9）你是否觉得万事开头难？

（10）你是否常常丢三落四？

（11）通常情况下，你是不是个无忧无虑的人？

（12）你喜欢写评论性质的文章吗？

（13）你通常会以一种严肃、负责的态度对待生活吗？

（14）别人认为你是个容易相处的人吗？

（15）你是否从不食言，尽管诺言很难实现？

（16）在工作中，你是否有时粗心大意？

（17）你收到来信后，是否立刻回信？

（18）你通常不太关心未来吗？

（19）你能无愧地说你比大多数人都要守信用吗？

（20）当需要在早上某一钟点起来时，你会上闹钟吗？

（21）你是否认为人应该劳于先而后享乐？

（22）你是否认为选举时，选谁都无所谓？

（23）上学时，你是否偶尔逃学？

（24）你是否有时喝得大醉？

（25）你是否宁愿寻找果皮箱，也不把废物随手扔在马路上？

（26）你定期做牙科检查吗？

（27）你是否有时装病？

（28）你是否认为为自己晚年精打细算毫无意义？

（29）在街上捡到一件值钱的东西，你是否把它交给警察？

（30）你对生活抱着随遇而安的态度吗？

计分方法：

（1）（2）（3）（4）（13）（15）（17）（19）（20）（21）（25）（26）（29）（30）题答"＋"计1分；（5）（6）（7）（8）（9）（10）（11）（12）（14）（16）（18）（22）（23）（24）（27）（28）题答"－"计1分。

结果分析：

得分为15~30：你是责任感、内向型人格，并且分数越高程度越明显。你责任心强，做事和作决策都认真谨慎，表现得稳重可靠。

得分为0~14分：你是缺乏责任感、外向型人格，并且分数越低程度越明显。你缺乏责任心，做事和作决策显得随便和漫不经心，经常失信。

先来看三个小故事。

故事一：谁去给猫挂铃铛

有一群老鼠开会，研究怎样应对猫的袭击。一只自认为很聪明的老鼠提出，给猫的脖子上挂一个铃铛。这样，猫行走的时候，铃铛就会响，听到铃声的老鼠不就可以及时跑掉了吗？大家一致认为这是一个好主意。可是，由谁去给猫挂铃铛呢？怎样才能给猫挂上铃铛呢？这些问题一提出，老鼠都哑口无言了。

感悟：科学合理的战略部署是执行的前提！战略如果脱离实际，就根本谈不上执行。

故事二：忙碌的农夫

　　有一个农夫一早起来，告诉妻子说要去耕田，当他走到40号田地时，却发现耕耘机没有油了；原本打算立刻要去加油的，突然想到家里的三四只猪还没有喂，于是转回家去；经过仓库时，望见旁边有几个马铃薯，他想起马铃薯可能正在发芽，于是又走到马铃薯田去；路途中经过木材堆，又记起家中需要一些柴火；正当要去取柴的时候，看见了一只生病的鸡躺在地上……这样来来回回跑了好几趟，这个农夫从早上一直到太阳落山，油也没加，猪也没喂，田也没耕……显然，最后他什么事也没有做好。

感悟：做好目标设定、计划和预算是执行的基础。做好时间管理是提升执行效率的保障。

故事三：买复印纸的困惑

🦋 老板叫一名员工去买复印纸，员工就买了三张复印纸回来。老板大叫："三张复印纸，怎么够，我至少要三摞。"员工第二天就去买了三摞复印纸回来。老板一看，又道："你怎么买了B5的，我要的是A4的。"员工过了几天，买了三摞A4的复印纸回来，老板骂道："怎么买了一个星期，才买好？"员工回："你又没有说什么时候要。"一件买复印纸的小事，员工跑了三趟，老板发了三次脾气。老板会摇头叹道："员工执行力太差了！"员工心里会说："老板能力欠缺，连个任务都交代不清楚，只会支使下属白忙活！"

感悟：有效地提高执行力，在一般情况下首先要进行充分的沟通，对完成目标任务取得较为一致的认同。

我们常常听到人们这样评价自己，"我是个有条理的人""我是个迟钝的人"或"我是个有时健忘的人"；也可能认为自己是个能够顺利完成任务的人，或是具有高度弹性、抗压能力强，或时间管理能力强的人。

　　这些特质代表了你的认知能力，这些能力被称为执行能力，因为它们帮助你执行任务，帮助你决定哪些信息值得关注，也帮助你管理自己的行为。你可能很容易发掘自己执行能力的强项和弱项，并最大限度地发挥自己的强项，回避自己的弱项。

　　执行能力，包括自制力、情绪控制、任务启动、时间管理、弹性、抗压力。

　　（1）自制力。自制力指的是一个人抑制言行冲动，预留时间以便判定情势的能力。如果你通常基于足够的信息，采用系统的方法作出决策，而不是贸然决策，就表明你具有很强的自制力。相反，如果你通常急于行事，而没有预先考虑后果，就很可能表明你的自制力比较弱。

　　（2）情绪控制。如果你具有很强的情绪控制能力，就能在面临压力时保持冷静，不会轻易气馁，也会在遭受挫折时保持高度的弹性。如果你的情绪控制能力较弱，就会对他人的批评过于敏感，也可能难以抑制自己的愤怒或挫折感。

　　（3）任务启动。任务启动能力指的是在没有过度延迟的情况下启动任务的能力。如果你乐于当天的事情当天完成，而不是把它们推到下一天，你的任务启动能力就可能很强。如果你的任务启动能力比较弱，往往就会延迟启动项目。

（4）时间管理。如果你的时间管理能力较强，你就会在期限到来之前采用系统的方法完成特定的任务。如果有人问你要花多长时间才能完成某个项目，你估计的时间有90%的准确度；你会按时完成所有的任务；你会准时出席会议，尽管遇到了交通阻塞；你会经常清理电子邮箱。

（5）弹性。如果你的弹性比较强，就表明你适应和发起变化的能力比较强。如果你搭乘的火车误点了，你能快速地制订旅程替代方案。如果有一位下属在你做讲解的最后一分钟请病假，你下次也会重新讲解相关内容。如果解决某个问题的第一种方案行不通，你很容易想出第二种方案。你善于从他人的角度看待问题。

如果你的弹性较弱，就会对计划改变或新信息感到不适。

（6）抗压力。如果你的压力感很强，却能在压力环境下控制自己，就表明你的抗压能力可能很强。你对模棱两可的事情有很强的容忍度，并且能够在危机面前保持情绪稳定。你会将意料之外的阻碍看作需要克服的有趣挑战。你会对例行公事感到无趣或厌倦。你会将具有不稳定性或不可预测性的任务视为一种享受。

如果你的抗压能力较弱，你只有在知道自己未来几周的任务安排后才觉得舒坦，若是被分派计划之外的任务，你会很气愤。

🌿 国网湖北省电力公司统计，2015年1月27日至2月1日15时，风雪冰冻累计造成湖北省约33.9万用户停电。该公司累计出动抢修人员近4000人次、抢修车辆841台次，为98.3%的停电用户恢复供电。除恩施州鹤峰县走马乡5903户预计将于2月2日恢复供电外，其余地区均已恢复供电。

此次灾情核心区域在江汉平原地区。风雪突袭，荆州、荆门等风口地区输电线路不堪重负，部分线路绝缘子上的覆冰达两指厚，导线覆冰超过1厘米，不少输电导线在狂风下"癫狂舞蹈"。500千伏江兴二回线19号杆塔和斗孝二回线38号杆塔，因绝缘子断裂掉串停运，湖北电力检修公司、湖北省送变电工程公司抢修队员连日抗冰保电，打赢2015年首轮寒潮遭遇战。

雨雪降温天气使湖北省用电负荷增至2314万千瓦，较此前晴好天气增长250万千瓦。目前，湖北省最大供电能力达2718万千瓦，能够满足全省用电需求。

国家电网职工在各种抗灾保电、大型活动保电、紧急救援等急难险重的任务面前，都能迅速启动、顽强作战、战之能胜，体现的就是国网人训练有素的执行力。

心海
箴言　　想得好是聪明，计划得好更聪明，做得好最聪明又最好。

　　　　　　　　　　　　——拿破仑

心理测试

你的执行力如何

（1）上司交给你一项工作任务时，你能否在规定的时间内完成？

A．几乎无法完成　　　　B．大多数会如期完成

C．一定会如期完成

（2）你曾经以"这不是我职责范围内的事"等理由来逃避工作任务吗？

A．至少3次以上　　　　B．仅有过一两次

C．从来没有过

（3）当你抓紧时间安排手头上的工作或任务时，突然有同事来找你帮忙，而你的时间也很急迫，你会怎么做？

A．放下手头上的事来帮同事的忙

B．找个借口推辞掉

C．先说明原因再拒绝，然后完成自己的工作

（4）当你接受一项工作或任务时，你习惯怎么做？

A．先放着等会在做　　　B．立即着手去做

C．先弄清楚预期的目标和交付的时间再着手去做

（5）当你在超市买东西正准备结账时，上司刚好打电话过来要你立即回公司一趟，你会怎么做？

A．优哉游哉结完账再去

B．结完账匆匆赶回公司

C．放下东西立即赶回公司

（6）一天上午经理要你打印一份文件，说下午开会时要用，你会怎么做？

A．中午才打印

B．立即打印，并送呈给上司

C．大致浏览一下，确认无误后立即打印

（7）某天，你和上司一起去开会，即将轮到上司发言时，你发现演讲稿似乎少了一句，你会怎么做？

A．觉得无所谓

B．和上司说一声，让他自己拿主意

C．拿笔写上去，并告知上司

（8）当上司询问你执行任务的进度时，你通常会怎么回答？

A．应该能完成，请放心

B．已经顺利完成了2/3了

C．目前完成了2/3了，明天下午6点前全部完成

（9）身为团队的负责人，当团队成员意见发生分歧时，你会怎么做？

A．不闻不问　　　　　　B．责怪团员

C．找出原因，进行调节

（10）有一次，部门参加公司组织的体能训练时，每个人都发挥得很出色，但团体训练时却成绩平平，这样的情况说明了什么？

A．评估方法不适当

B．每个团队的成员都很优秀

C．团队合作不协调

计分方法: 选A得1分, 选B得2分, 选C得3分。

结果分析:

得分为10~17分: 执行力较弱。你的执行力比较弱, 工作质量也比较差, 做事情总是拖拖拉拉, 不到一定的时候不做。如果你想获得成功, 可能需要付出更大的努力。当你执行任务时, 不要让你的懒惰和理所当然冲昏了头, 要加把劲。

得分为18~24分: 执行力普通。你有一定的执行能力, 却少了几分热情。但这却不是你获得成功的大碍, 只要行事稍加注意, 多点细心和耐性, 多加强自己的责任心, 从一开始, 就抱有执行到底的心态, 就一定能增加执行成功的机会, 正所谓冰冻三尺非一日之寒。

得分为25~30分: 执行力较强。你的执行力很强, 只要有心, 从小处做起, 从细节出发, 注意创新与细节的执行, 坚持不懈地努力, 就能顺利地执行到底。同样, 你的事业一定会达到你理想的顶峰, 只要你善加利用时机及自己的执行力。

第三节　磨炼也是一种财富

有这么一个人。在他19岁那年，一次滑雪时，他与朋友做游戏，要从朋友张开的双腿间滑过去，结果却撞在了朋友的身体上。他折断了脖子，导致颈部以下全身瘫痪。自此以后，这位高大英俊的青年变成了一名只能摇头的残疾者，终生依靠轮椅生活。

再说第二个人，他会驾驶汽车，会开轮船，并且还成了飞行员，能自由驾驶飞机在空中翱翔。当他33岁的时候，竞选温哥华市议员并成功了。在连续做了12年市议员后，他又被温哥华市民推上了市长的宝座。

还有第三个人，他是工商管理硕士，是多个非营利助残团体的创建人，是多种助残设备的发明人，还是加拿大勋章获得者，他热心社会公益事业，走到哪里都能受到众人的欢迎。

以上这三个人怎么样？单说某一个人也没什么，可是如果说这三个人其实就是一个人，那就很富有传奇色彩了。事实上，他们原本就是同一个人——加拿大的萨姆·苏利文，一个不折不扣的奇人。

萨姆·苏利文是如何由一个重症残疾人变成一个奇人的呢？

🌿 在折断脖子后的几年里，待在家里的苏利文陷入了选择生还是死的挣扎中。他把受伤前打工赚的钱都取了出来，买了辆专门为残疾人设计的汽车，设计了开车坠崖这种自杀方式，所幸的是，他的几次"坠崖练车"都没有成功。此后，要强的苏利文不忍再拖累父母，便坚持离开了家，搬到了一个半公益半营利性的公寓。

一天晚上，苏利文又一次独自盯着空白的四壁，感觉自己的生命就像它们一样空虚。他坐着轮椅来到户外，看到远处的城区正掩映在落日的余晖中。他想那里有沸腾的生命活力，人们正在摇动着生活风帆向前航行。此刻，苏利文忽然想到自己的大脑很好用，也能够独立吃饭穿衣，甚至还能微笑。"我也要做一个完整的人，我要工作。"苏利文此时对自己说道，"受伤前我有十亿个机会，而现在我还有五亿个。"从那一刻起，一个新的萨姆·苏利文诞生了。

从那以后，苏利文广泛涉猎知识，勇于挑战生活。他不但学会了驾驶飞机，而且还教会了另外20位残疾人飞行。由于温哥华的华

人超过1/3，在加拿大土生土长的苏利文还学会了中国广东话，这
在他以后的竞选中收效颇丰。苏利文一讲广东话，就会得到华人的
掌声和鼓励。在市长选举中，华人几乎把选票都投给了苏利文。

　　是什么神秘的力量将这传奇经历赋予了萨姆·苏利文？

　　答案是：坚韧的气质。苏利文曾说过：一个人能走多远取决
于他面对挑战时的表现，这与他是否坐轮椅无关。

　　在职业生涯中，每个人都会遇到或多或少、或大或小的挫
折、磨难、失败，如果遇到困难就放弃、逃避，那么，何谈"守
土有责"？既对企业无法交代，也使自己失去了战胜困难、实现
自我的机会。

《周易》有言："天行健，君子以自强不息。"我国自古就有重视和培养人的坚韧性的传统。勾践卧薪尝胆，张海迪身残志坚，他们都是高坚韧性个体的代表。

当今积极心理学和积极组织行为学也将坚韧性作为领域研究的重点，列为心理资本的四大成分之一。对个人来说，人们长久以来都认为智力是成功的关键，但是研究发现，当涉及高成就时，坚韧和智力一样是必要的因素。美国心理学家曾对150名很有成就的人的性格进行过研究，发现他们的三种优秀品质中，位列第一的就是性格的坚韧性。

"蒲苇韧如丝"，有韧性的草总是不容易被折断。坚韧性是指一个人以坚韧不拔的毅力、顽强不屈的精神，克服一切去执行决定；在任务困难面前或威胁利诱面前都毫不动摇，坚持不懈地去实现既定目标。

2009年春节前夕，国网绵阳供电公司北川曲山供电所所长汪志刚获得"感动国家电网十大人物"荣誉称号，组委会给他的颁奖词："亲人生死未卜，却无暇顾及；抢救了别人的孩子和生命，自己却失去了至亲。这场灾难拷问的不只是亲情，还有责任，汪志刚没有被悲痛击垮，他在废墟上坚强地站立，成为一座传递光明的灯塔。"

汪志刚在5·12汶川大地震来临时，死里逃生后，冒着被垮塌房屋掩埋的危险，从废墟中救出16名群众，其中包括6名同事、3名医生和4名小学生。而对与之相隔只有百米的妻子、女儿却无暇顾及。在得知妻子、女儿和岳母不幸遇难后，他没有被灾难和悲伤击倒，而是强忍巨大的悲痛，带领所里的员工始终坚守在抗震保电第一线。当时，北川电网毁于一旦，全县电力供应全部中断，他深知及时恢复抢修应急供电的重要作用，他用超强度的工作来减轻失去亲人的痛苦，用最短的时间恢复了北川抗震救灾指挥部的供电，为当时救援部队、医疗队伍等救援行动提供了最有力的保障，保证了生命中转站的正常供电。

坚韧性人格的特点包括：对自己、工作和家庭有着自觉的责任感，在其他方面有着稳定的价值观；相信自己具有驾驭生活和工作的能力；倾向于把生活中的事件视为一系列挑战，而不是一连串的麻烦和威胁。

坚韧性包括以下几个依次递增的层次：

（1）经受不了压力和挫折。当遇到批评或者挫折时，工作效率会直线滑坡，出现厌倦和逃避。

（2）面对压力可以压制自己的消极情绪，保持稳定。这称得上是合格的情绪控制能力。

（3）在巨大的压力下完成工作。面对间歇性的批评或者挫折能够应付的人，有时候面临强大的持续性的工作压力也会喘不过气，这无可厚非，但如果有人能够游刃有余地度过，那么他就有着非常强大的心脏。

（4）通过建设性的工作方式解除压力，有效地控制压力的产生和扩大。将压力化解于无形的人，能对工作起到很大的推动作用。他们从来不会沮丧，永远保持冷静，尤其是对待重大的决策甚至是失误上，仍可以帮助企业找到正确的路线。

心海
箴言　　　无论头顶怎样的天空，我都以坚韧相待。

——拜伦

心理测试

坚韧性测试

（1）通常来说，隐而不言对别人的看法要好一些。

A. 同意　　　　B. 不同意

（2）我通常我行我素，而不是等待别人的命令或指导。

A. 不同意　　　　B. 同意

（3）我会因为多次的讨论变得太过于激烈而感到不适应。

A. 同意　　　　B. 不同意

（4）即使当父母亲不大喜欢我的想法时，我也会告诉他们。

A. 不同意　　　　B. 同意

（5）我的成功通常是归功于运气或者是得到了许多帮助。

A. 同意　　　　B. 不同意

（6）即使遭到他人否定，我依然相信自己的判断。

A. 不同意　　　　B. 同意

（7）如果他人告诫说不要做，那么我就不会去冒这个险。

A. 同意　　　　B. 不同意

（8）我认为自己与别人是平等的。

A. 不同意　　　　B. 同意

（9）当深入反思自我的时候，我通常会感到痛苦。

A.　同意　　　　　　　B.　不同意

（10）我对于别人的生活做出了有价值的贡献。

A.　不同意　　　　　　B.　同意

计分方法： 选A得0分，选B得1分。

结果分析：

得分在8分以上（含8分）：你刚强得使人惊讶。

在心理坚韧性方面，你的得分确实高得惊人。你目前唯一该注意的问题就是当你与别人共处时，你应该稍微将心理放缓和一点（因为别人很可能会感觉到你的心理坚韧性具有威胁性）。

对于那些你自己能够十分细致地检验自己的行为动机，而其他人却不能反思自己的现象，你会感到迷惑不解。这是因为你对自己的高度信任使得任何关于你的可怕发现都不会使你感到恐惧。

得分为5~7分（含5分）：你比自己想象的要坚韧得多。

你在心理坚韧性方面的得分要高于平均水平。这可以解释为何你能够把握机会、有勇气去做自己认为正确的事，哪怕完成这件事会非常困难。你相信行动而不是等待别人的同意，因此，你对于那些相对于你而言对自己没有多少信心的人表现得很没有耐心。可是你并不确切地知道自己的心理坚韧性，所以当面对工作中或人际关系中出现的问题——最近一段时间你一直在思索的某些问题，而你决定采取关键的一步并以自己的力量主动出击加以解决时，请你三思而后行。

得分为3~4分（含3分）：你的自信并非强项。

你在心理坚韧性方面的得分在平均水平或处于平均水平之下一点。这能够解释为何你对于依靠自己的才智、通过自己的努力而取得成功显得缺乏自信心。你太过于自我批判了，并因此忽略了所取得的成就或者很容易忘却这些成就；相反你却过分看重自己的失败。这种情况在不断抽取你对自己的信任。自信心的缺乏正说明了为何你很少花时间长期、深入地反思自己——你一直担心面对那些长着丑恶嘴脸的负面的东西。

得分为0~2分（含2分）：你确实需要坚强起来。

你在心理坚韧性方面的得分低于平均水平。这能够解释为何来自外部的奖励对你来说十分重要——如果你的行为或工作没有得到别人的某种方式的奖励，那么你几乎不会相信你所做的都是值得的。你得认识到缺乏自信会使你总是需要依靠别人，这也使得你在对待别人时，相对于那些得分高的人而言，显得不那么慷慨——缺乏自信还表现在你对别人的行为动机感到玩世不恭，而且你常常认定别人可以很轻易地伤害你（如果他们想这样做的话）。

第三章
从点滴到卓越

美国有个叫杰福斯的牧童，他的工作是每天把羊群赶到牧场，并监视羊群不越过牧场的铁丝到相邻的菜园里吃菜就行了。

有一天，小杰福斯在牧场上不知不觉睡着了，菜园被羊群搅得一塌糊涂，他因此挨了老板一顿教训。经过这件事，机灵的小杰福斯想，怎样才能使羊群不再越过铁丝栅栏呢？

他发现，有一片长满玫瑰花的地方，并没有更牢固的铁栅栏，但羊群从不过去。为什么呢？原来是因为羊群怕玫瑰花的刺。"有了！"小杰福斯高兴地跳了起来，"我可以向这些玫瑰花学习，在铁丝上加一些刺，就可以挡住羊群了。"

于是，他先将铁丝剪成5厘米左右的小段，然后把它结在铁丝上当刺。结好之后，他再放羊的时候，发现羊群起初也试图越过铁丝网去菜园，但每次都被刺疼后，便惊恐地缩了回来，被多次刺疼之后，羊群再也不敢越过栅栏了。

小杰福斯成功了。

半年后，他申请了这项专利并获批准。后来，这种带刺的铁丝网风行全世界。

创新是通向卓越的必经之路，可是人们常常把创新想象得太高深、太神秘、太复杂，并因此阻碍了他们创新。其实，创新就在于你是否想主动地解决问题，是否有一定的学习能力，是否能仔细观察从而发现事物的内在联系，可见，创新其实常常就来自于要解决问题的决心和细小的发现与思考。

第一节　让学习成为一种习惯

一位博士生被分配到一家研究所，成为那里学历最高的人。

有一天他到单位后面的小池塘去钓鱼，恰巧正、副所长在他的一左一右，也在钓鱼。他只是微微点了点头，心想，这两个本科生，有啥好聊的呢？

一会儿，正所长放下钓竿，伸伸懒腰，"噌噌噌"地从水面上飞一般地走到对面上厕所。

博士生眼睛惊得都快掉下来了。水上漂？不会吧？这可是一个池塘啊。

正所长上完厕所回来的时候，同样也是"噌噌噌"地从水上漂回来了。

怎么回事？博士生又不好去问，自己可是博士生啊！过了一阵，副所长也站起来，走几步，"噌噌噌"地漂过水面上厕所。这下子博士生更是差点昏倒：不会吧，难道这是到了一个江湖高手集中的地方？

博士生也内急了。这个池塘两边有围墙，要到对面上厕所非得绕十分钟的路，而回单位上又太远，怎么办？博士生也不愿意去问两位所长，憋了半天后，也起身往水里跨：我就不信本科生能过的水面，我博士生不能过。

结果博士生一下子栽到了水里。

两位所长将他拉了出来，问他为什么要下水。他问："为什么你们可以走过去呢？"两位所长相视一笑："这池塘里有两排木桩子，由于这两天下雨涨水，正好在水面下。我们都知道这木桩的位置，所以可以踩着桩子过去。你怎么不问一声呢？"

没有人能水上漂，这是博士生具备的经验常识。踩着木桩水上漂，这是两位所长积累的经验。博士生自恃学历高，既违背了自己的经验，又没有学习踩着木桩水上漂的经验，所以栽了跟头。

学历代表过去，学习掌握将来。人生还有很多没有经历过的经验与常识，只有不断地学习，才能加快把握这些经验与常识的速度。所有的创新，只有依靠学习能力这个基础才能实现。

什么是学习能力？学习能力一般是指人们在正式学习或非正

式学习环境下，自我求知、做事、发展的能力。学习能力指标为学习专注力、学习成就感、自信心、思维灵活度、独立性和反思力。基本学习能力包括以下几种。

1. 独立探求知识的能力

这种能力又称为自学能力。在外界条件完全相同的情况下，不同的人所取得的学习成绩是不同的，这有多方面的原因，但其中自学能力不同是一个重要原因。优秀者往往具有较强的自学能力，他们不会仅仅满足在领导指导下的学习，而是更注重独立探求知识。他们注重对书本、实践中的自学理解，遇到问题，并不急于求教，而是首先通过独立思考来解决；他们总是根据自己的实际情况来安排学习，表现出较强的独立性和自主性。我们认为，在一个人所学到的知识中，独立探求的比例越大，那么知识掌握得就越好，而且能更好地促进他的进一步发展。

2. 与他人合作的能力

人类的认识活动总是在一定的社会环境中完成的，所以我们在主张独立探求知识的同时，还需要加强与他人的合作学习，通过合作学习，更加全面、更加深刻地理解知识。上司讲，下属听，只是一种单向传递，知识的掌握需要双向、多向交流，所以，我们不仅要主动交流，而且要进行积极的讨论。学会认真听取别人的意见，互相协作解决问题，也是善于同别人打交道的一种社交能力。一位哲学家曾说："我有一个苹果，你有一个苹果，交换以后，我们还是拥有一个苹果。但是，我有一种思想，你有一种思想，交换以后，我们就会拥有两种思想。"

学习 反思

3. 流畅的表达能力

一些人认为，只有文职人员要求有较好的写作表达能力，实际上一切工作要求的解答过程也是一种表达能力。我们这里所说的表达能力不仅包括文字表达，还包括口头表达。在很多学习活动中，善于演讲，能够准确、自如地表达自己的思想是一种重要的学习能力。语言是与人交流的工具，也是思维能力的表现，不注意表达能力的训练，不仅影响与他人的交往，而且会影响思维的发展，进而影响学习。因此，应有意识地加强表达能力的自我训练。

🌱 国网临沂供电公司营销部装表接电班副班长邹兵，参加工作十几年间，先后夺得国网山东省电力公司技术比武个人第一名、国家电网公司抽调竞赛个人第四名，荣获国家电网公司技术能手、"富民兴鲁"劳动奖章等称号，被评为临沂市"首席技师"，并当选为国网山东省电力公司系统唯一一名全国人大代表。

邹兵是山东大学继电保护专业的高才生，做了两年继电保护工作后，调到营销部装表接电班。做过继电保护，再做计量外勤，邹兵觉得"太简单"了。思想的转变发生在他2006年参加国网山东省电力公司电能计量装表接电技术比武时。通过刻苦训练，他获得了第一名，也让他认识到简单里包含的复杂和责任。从此，他更加勤于学习实践，至今他亲手安装过6000多只电能表，处理过1000多次故障，拧紧过的螺丝超过36万个，从没出现差错，也没有发生过一起因计量引起的客户投诉。

他不仅善于学习，更勤于思考，摸索出了一套自己的工作流程和方法，并独立编写了《装表接电培训教材》，因理论讲述深入浅出、与工作实际结合紧密，受到了同事的推崇，很多人复印、摘抄，作为工作时的操作指南。他还组织编写了《临沂市低压集抄安装调试方法详解》《计量工作现场业务知识汇编》等多项实操教材。2009年，邹兵被国网技术学院聘为实训指导老师，在对国家电网公司新进员工授课中被评为国家电网公司"优秀培训师"。2011年，他作为教练，带队参加了国网山东省电力公司电能计量技术比武，荣获个人第三名、团体第五名的好成绩。2013年11月，在临沂市第六届"劳动之星"职业技能竞赛中，邹兵组织开展了"电能计量装置检修"竞赛项目，并被评为"最佳裁判员"。

　　学习能力表现可分为6项"多元才能"和12种"核心能力"。6项"多元才能"指的是知识整合能力、社交能力、心理素质、团队合作、理财能力、策划与决策能力。12种"核心能力"指的是注意力、观察力、记忆力、思维力、想象力、创造力、理解力、语言表达、操作能力、运算能力、听/视知觉能力。

　　要养成良好习惯、塑造优良品德、学习更多知识、掌握更多技能，成为独立自主、思维卓越的好员工，就应该在6项"多元才能"与12种"核心能力"方面实施有效的提升，实现从平凡到优秀再到卓越的人生跨越。

心海箴言　　一个人对待学习的态度，决定他企业及个人未来成就的高度。

——刘永行

小贴士

养成终身学习的习惯

（1）随身带本书。看完一本书要花多久并不重要；重要的是你随身带着书，有空的时候就能读一读。如果一周就能读一本，每年最少能读50本书。

（2）列个"待学"清单。无论是什么让你产生了学习的欲望，都把它写下来。

（3）认识更多善于用脑的朋友。开始花更多时间和那些会思考的人待在一起。他们的习惯会影响你，还可能会和你分享他们的知识。

（4）引导你的思考。只是学习他人的智慧还不够，你需要自己想明白才行。花时间记录、通盘考虑和深入思考你学到的东西。

（5）付诸实践。学来的技能如果不使用的话，就毫无意义。如果你学到的知识可以应用的话，就加以实践。

（6）教授他人。教学相长。如果你能把想法授予他人，那么你学到的东西就可以记得更牢。开一个博客，指导其他人，或者和朋友们讨论。

（7）在团体中学习。工作坊和团体学习会让自我教育变成一种快乐的社交体验。

（8）找一份鼓励学习的工作。如果你的工作并没有太多的智力自由，就该考虑换一换了。不要每周花40个小时在一份完全没有挑战性的工作上。

第二节 见树又见林的艺术

有一辆满载水果的手推车停在楼梯口，某甲要把水果搬上楼梯，但由于一个人的力气不足，所以想找一个人来帮忙。凑巧某乙路过，某甲便上前请某乙帮忙。

某乙问某甲："你有什么困难吗？"

某甲答道："我想把一车的水果弄上楼梯，一个人搬不动，所以想请你帮个忙。"

某乙指着不远处的电梯说："你为什不用旁边的电梯把水果运上楼呢？"

某甲听了，不禁哑然失笑。他并非笨蛋，竟然没有想到附近有电梯可以利用。他被"如果把水果弄上楼梯"这个问题框死了，如今某乙把他的问题改变为"如何把水果弄上楼"之后，问题就迎刃而解了。

　　这个故事的名字叫"上楼还是上楼梯"。许多人在做事时，往往被眼前的某一具体问题困扰，却忘记了系统思考，就如盲人摸象一般，只看到事物的一部分，却看不到全部。而思维的局限性和片面性，对于创新而言是一种极大的制约，只有养成系统思维的方法去思考问题，才能找到新点子、好点子。

　　系统，就是由相互联系、相互作用的若干要素组成的，具有特定功能和运动规律的整体。系统思维，就是根据创新对象的系统特征，从系统整体出发，着眼于系统的整体与部分、部分与部分、系统与环境的相互联系和相互作用关系，采用系统分析方法，以期获得创新系统目标最优化的科学思维方式。

系统思维的特征包括以下几点。

1. 系统的整体性

一个系统，并不是组成该系统的各个部分的简单相加；与各部分的简单相加比较，系统会产生更多的性质和功效，即所谓1+1>2。因此，在系统论看来，整体高于一切。

2. 系统的有机联系性

系统的整体性是通过整体的结构、整体与部分、整体与外界环境的联系来实现的，这种联系不是机械联系，而是有机联系。

3. 系统的层次性

任何系统，不仅是一个独立的系统，还往往是另一个系统的子系统，同时又可能是另外一个系统的母系统。

4. 系统的环境性

任何系统都处于一定的环境中，系统和环境之间同样会相互影响。在对系统进行分析和对系统进行创新时，既要注意环境对系统整体的影响，也要注意系统对周围环境的影响。在选择系统适度的开放性和封闭性方面，存在着一定的辩证关系。

5. 系统的动态发展性

系统不是静止的，而是不断发展变化的，是动态发展的系统。因此，在对系统进行分析时必须注意它的发展性，包括系统向反面转化的可能性。

系统思维的作用体现在：系统思维是实现现代化创新的有效方式；系统思维是开拓创新的最佳手段；系统思维提供了符合科学发展观的现代科学创新方法。

系统思维方法又称为整体思维方法，是一种含金量很高的思维方式。它要求人们用系统眼光从结构与功能的角度重新审视多样化的世界，把被形而上学地分割了的现象世界重新整合，将单个元素和切片放在系统中实现"新的综合"，以实现"整体大于部分的简单总和"的效应。我国都江堰水利工程就是运用系统的思维方法而设计与构建的。自20世纪40年代以来，系统思维方法作为一种方法论，已在解决许多复杂的大系统工程中发挥了重要的作用。例如，美国的"阿波罗登月计划"、卫星系统工程、环境生态问题、城市规划系统等，都需要借助系统思维方法解决问题。面对着大科学、大经济时代，认识和掌握系统思维方法，培养和发展系统思维能力，对于创建成功的事业有着不可估量的作用。

系统思维方法是历史悠久而又最有创造性的思维方法之一。在处理一件事情时，我们一定要明白：一件事情就是一个系统。

处理一个问题的过程，也是一个系统处理的过程。在考虑解决某一问题时，不要采取孤立、片面、机械的方式，而是当作一个有机的系统来处理。只有这样，你才能做到面面俱到。

心海
箴言　　　系统思维能极大地简化人们对事物的认知，给我们带来整体观。

小贴士

让系统思维站位全局

系统思维是一种逻辑抽象能力，也可以称为整体观、全局观，简单来说就是对事情全面思考，不只就事论事，是把想要达到的结果、实现该结果的过程、过程优化及对未来的影响等一系列问题作为一个整体系统进行研究思考。

工作中，每一个班组、部门、子公司都是一个独立的系统，而这些独立的分支系统又构成了"公司"这个大的支柱系统，要让系统得以高效有序运转，须做到以下几点：

（1）树立团队意识。个人价值的实现是以一个优秀团队作为基础的，工作初端的团队意识，决定终端结果的成败与否，团队意识决定着整个系统是否统一目标、环环相扣、衔接紧密，因此我们在工作中，不能只考虑局部利益，闷头各人自扫门前雪，而要融入团队角色、树立团队意识、统一团队目标，想团队之所想、应团队之所需，拿出"一方有难，八方支援"的相互负责的团队处事态度。

（2）加强沟通协作。我们在工作中，要建立良好的员工之间、班组之间、部门之间的合作关系，发现问题，以大局利益为重，主动沟通协调，积极寻求解决办法，合力实现大局目标。

（3）协力攻克短板。一个团队是否优秀要看它的实力结构是否均衡，如有一块短板，便会堤溃蚁穴。我们在工作中，同样需要以大局为重，齐心协力找出那块制约整体发展的短板，并将之攻克，从而最终实现团队整体实力上台阶。

第三节 要做就做得最好

1998年，法国媒体大亨、财富排名前50之一的巴拉昂因病去世，他将自己赚到的4.6亿法郎的股份捐赠给了医疗机构，用于改善人们的健康。同时，他还为后人留下了一份意味深长的遗嘱，并声称，谁回答了遗嘱中的问题，就会得到100万法郎的馈赠。这份遗嘱被公布在《科西嘉人报》上。遗嘱的大致内容是：

我曾经是一个穷人，可是死去时却以一个富人的身份走进天堂。在跨入天堂之门的时候，我不想把我成为富人的秘诀带走，现在秘诀就锁在法兰西中央银行我的一个私人保险箱内，保险箱的三把钥匙在我的律师和两位代理人手中。如果谁能通过回答"穷人最缺少的是什么"这个问题而猜中我的秘诀，他将能得到我的祝福。当然，那时我已无法从墓穴中伸出双手为他的睿智而鼓掌，但是他可以从那个保险箱里荣幸地拿走100万法郎，那就是我给予他的掌声。

　　之后,《科西嘉人报》收到了48561封来信,在五花八门的答案中,只有一位叫蒂勒的小姑娘猜对了秘诀,这就是——野心。蒂勒和巴拉昂都认为穷人最缺少的是成为富人的野心。

　　很多记者带着满腹好奇,问年仅9岁的蒂勒,为什么会想到是"野心"呢?蒂勒说:"每次我姐姐把她的小男朋友带回家时,她总是警告我说不要有野心!不要有野心!我想也许野心可以让人得到自己想得到的东西。"蒂勒简单的答案轰动了法国,也震动了世界。

　　长期以来,"野心"这个词被人们误解了,甚至还带有贬义的意味,实际上,在现代竞争形势下,野心是人们取得职业卓越业绩的一个基本条件,是积极进取的标志。换一个词来说,就是成就导向。

正是有了成就导向，卖草鞋的刘备才能够实现三分天下有其一的梦想；也正是有了成就导向，才使比尔·盖茨中途退学，自讨苦吃，成就了现在的微软帝国；丁磊也正是因为其成就导向，辞去了舒服的公职，下海经商，创造了现在的网易传奇。

再看看我们身边那些取得卓越绩效和非凡成绩的人，他们是不是每天都在憧憬着自己未来更高的目标，他们是不是每天都在为心中的理想而进取拼搏？这种强烈的进取心，使他们主动地去寻找实现目标的方法，全力以赴、不断创新。

那么什么是成就导向？成就导向是指为自己及所管理的组织设立目标、提高工作效率和绩效的动机与愿望。个人希望出色地完成任务，愿意从事具有挑战性的任务。这种人在工作中有强烈的表现自己能力的愿望，不断地为自己设立更高的标准，努力不懈地追求事业上的进步。

另外，成就导向是希望更好地完成工作或达到一个优秀的绩效标准。这个绩效标准可能是个人自己过去的表现（积极的改进）；可能是一种客观的衡量标准（结果导向）；可能是比他人做得更好的业绩（竞争力）；可能是自己设定的具有挑战性的目标；甚至是任何人从未做过的事（创新）。

成就导向表现为个人关注后果、效率、标准，并追求创新以改进产品或服务，在组织中力求资源使用最优化。成就导向是企业家精神中最重要的成分。具有成就导向的人具有五大标志：

1. 渴望出色地完成任务或达到某种优秀的标准

具有成就导向的人，他具有超越领导、超越公司期望的一种强烈的愿望，他一定要出色地完成任务或达到某种优秀的标准，而不是一般地完成任务。

2. 愿意并主动承担挑战性的任务和目标

具有强烈成就导向的人，愿意主动地承担挑战性的任务和目标，他善于挑战工作中的挫折和困难。

3. 给自己制定更高的目标

具有成就导向的人，总是给自己制定更高的业绩标准。

4. 直面困难和问题，百折不挠，永不放弃

具有成就导向的人，能够直面困难和问题，他不害怕困难，越是激发他的斗志，他越能在困难中百折不挠，永不放弃，完不成任务誓不罢休。

5. 野心勃勃，充满朝气，自我实现

具有成就导向的人总是野心勃勃、充满朝气。他的心态是积极向上的，他很少甚至从来不会在工作中萎靡不振、唉声叹气，他是通过工作来达到自我实现的。

🍂 2014年12月9日上午，世界首次1000千伏特高压直升机带

电作业，在武汉江夏区凤凰山国网特高压交流试验基地圆满完成。

本次作业是对1000千伏特高压直升机带电作业进行系统的安全评估，确保安全距离满足直升机等电位作业的要求。

这场"外科手术"的主刀是国网湖北检修公司带电作业检修工李明，他曾参与国内首次500千伏直升机平台带电作业。

在线路进行升压带电至1000千伏时，在距离地面近70米高的悬停直升机外置平台上，李明完成了更换地线防振锤、安装地线标志球及等电位进行导线预绞丝补强、导线间隔棒修理工作。

此前，直升机平台带电作业法仅能在500千伏超高压输电线路上开展，且只有中国、美国等少数国家掌握。这次特高压检修试验的成功，标志着我国输变电线路带电检修技术已占据世界领先位置。

这篇报道题为《特高压带电作业 世界首用直升机》，而这并不是国网湖北检修公司带电作业班的唯一一个"第一个"。国内第一个进行±500千伏直流线路带电作业；第一个在500千伏线路长距离带电换光缆；第一个在500千伏变电站带电换母线；第一个在±800千伏特高压直流等电位作业人员安全防护参数测试、等电位导线修补、等电位间隔棒更换……30多年来，这个团队追求卓越，不断创新，获得多项国家专利，填补了多项相关领域的空白，在带电作业领域一直走在全国同行业的前列。

　　著名心理学家马斯洛认为，人的需求共有五种：生理需求、安全需求、社交需求、尊重需求、自我实现需求。人的需求是分层次的，前一种需求的基本满足是后一种需求产生的条件；人的行为不是由已经得到满足的需要决定的，而是由新的需要决定的。在五种需求中，自我实现需求是最高一级的需求，这是人类最崇高的理想，是人类走向终极自由的标志。

　　自我实现需求包括两个方面：一是胜利感，二是成就感。在真我精神层次中，马斯洛认为，每一个人都有天生的倾向——要努力达到我们能力的最高水平。具体来说，自我实现也就是一个人使自己的潜力发挥的倾向，成为自己所能够成为的那种最独特的个体，使自己成为自己想成为的那种人。一个人在其他基本需求都得到满足以后，自我实现需求开始突出。这时候他会很乐意去工作，去创造。

心海
箴言
　　　　我成功，因为志在要成功，未尝踌躇。

　　　　　　　　　　　　　　——拿破仑

心理测试

你是一个自我实现的人吗

（1）我喜欢辨认云彩的各种形状。

（2）我比一般人更相信我有过奇妙的体验。

（3）我喜欢打扮起来，参加万圣节或化装舞会。

（4）我感觉内心非常安详，与世界和谐相处。

（5）我可以理解那种强烈的忠诚，愿意为所爱的人牺牲自己的生命。

（6）某本书吸引了我，我就会投入到角色中，和主人公共命运，忘掉周围的一切。

（7）创造性解决某个问题（如猜字谜、制作手工艺品、完成智力调查或讲完某个神秘故事）后，我非常有成就感和满足感。

（8）我曾有过宗教体验，证实超自然的力量是存在的。

（9）我曾深爱过一个人，为他（她）我忘掉了自己，他（她）占满了我的心。

（10）我曾感觉就像站在远处看着自己，仿佛在梦中。

计分方法： 认为"不对"得1分，认为"有点对"得2分，认为"很对"得3分，然后计算总分。

结果分析：

得分为15～20分：你的自我实现能力一般。

得分为21～29分：你很可能是个自我实现的人。继续努力实现你的目标，你应该能得到较大的满足感。

得分为30分：你完全是个自我实现者。但记住，没有人是完美无瑕的，你也一样。所以，请继续努力，完善自我。

第四章
平凡的大爱

南方一家幼儿园公开招聘园长，由于待遇优厚，一时间报名者众，包括专攻幼儿心理学的女研究生，以及多名早已有了职业和稳定收入的女大学生。但是经过考试，最终被录取的却不是她们，而是一位扎着小辫子的极文静的女孩——她叫斐雯。

面试设在二楼，楼梯扬角处有个脏兮兮的男孩儿，拖着鼻涕站在那里泪汪汪地等着什么。当众多的应聘者穿过长长的楼梯去面试时，只有斐雯一个人停了下来。她掏出手帕给孩子擦了擦鼻涕，亲切地说："小弟弟别哭，是不是找不着妈妈了，等我一会儿，姐姐去去就来，带你去找妈妈！"

面试之后，众多的应聘者都匆匆下楼，视若无睹，只有斐雯把脏兮兮的小男孩抱起来，亲切地哄他，给他唱歌，讲故事。而这一切，被早已架设好的录像机全都录了下来！

天哪！应聘者谁也没有发现，这个小男孩原来是幼儿园方面专门安排的！

自然，当园方宣布被录用者是斐雯并播放了刚才的录像时，其他的报考者都惭愧地低下了头。尽管她们知识渊博，却缺少——爱。

爱家人、爱朋友、爱自己，是小爱；爱企业、爱祖国、爱人民，是大爱。无论是工作还是生活，只有付出了真诚，才能收获温暖；只有胸怀大局，才能成就大事；只有倾注了无私的奉献，才能铸就大爱无疆。

用心服务的员工是每一个企业梦寐以求的，人性化服务的企业是每个客户梦寐以求的。如果每个员工都能用心服务，急客户之所急，想客户之所想，将每一次服务延伸到职责规定的范围之上，一定能最大限度地提高客户的满意度。

1. 什么是服务意识

服务意识是指企业全体人员在与一切与企业相关的人或企业的交往中所体现的为其提供热情、周到、主动的服务的欲望和意识；即自觉主动做好服务工作的一种观念和愿望，它发自企业成员的内心。

服务不是某一个部门的工作，它是所有部门全体人员的工作，是具体的、细节的、务实的工作。

2. 服务意识的重要性

关于对服务意识的理解，每个人都不尽相同。服务意识就是一个人对服务的理解，以及在理解该服务后，所表现出来的一个自觉性行为。

例如，某真皮沙发专卖导购员，对于所有关于沙发的人和事，理论上应该都与该导购员有一定的关系，当有顾客咨询关于真皮沙发的维修问题时，假如该导购员服务意识不强，就会只考虑到顾客咨询的是维修问题，与自己的销售工作毫无关系，但是如果从另一方面去想，其实这也是服务的一种体现！

我们的服务意识有多少，就会得到多少回报。如果我们不注意提高自己，或是不肯付出，工作散漫，以自我为中心，团队意识不强，任何一个企业都不会把这样一个"服务意识差"的员工留在企业里的。

作为一名企业的员工，我们要明白，服务意识应该牢牢扎根于自己的内心深处，体现到工作中去。

🌿 2015年3月6日，湖北省恩施州民族礼堂座无虚席，来自恩施州各单位的近500名女职工，聆听"第六次全国民族团结进步模范个人"、国家电网公司特等劳动模范、第十届湖北省职工职业道德建设先进个人、湖北省首届"向上向善好青年"、恩施州"三八红旗手"——国网咸丰县供电公司抄表员林丽同志讲述她的故事，无不感动非常。

位于鄂湘黔渝四地结合部的咸丰县，是土家族、苗族等17个少数民族的聚居地，这里山高林密、道路崎岖，村民们居住分散。43岁的林丽在过去10年里一直负责高乐山镇多个村1400多户的用电服务工作。每月5日至15日是她徒步一二十公里山路到家家户户抄表的日子，此外她随时为民解决各种用电难题，并长期超越本职为困难户送温暖。

"抄表是有限的，服务是无限的。"10年来，林丽为摔伤住院的村民熬过汤、擦洗过身体，为居住偏远的住户当过义务采购员，为低血糖的孤寡老人送过红糖和药品，为困难户垫支过电费、跑腿找过工作……一件又一件的善举让她赢得了男女老少的交口称赞，年复一年的坚持让她成了土苗村寨里家喻户晓的"明星"，被乡亲们亲切地称为"林妹儿"。

"只有把群众当亲人，群众才不拿你当外人。"这是林丽的工作诀窍。工作这么多年，每年她都能实现抄表零差错、客户零投诉、电费零欠交的"三零"目标。十余年真情付出，林丽和村民之间建立起超越了供电员工与客户的亲密关系，他们用最质朴的方式表达着谢意——如果林丽抄表工作到很晚，总有村民把她送到公路旁直到看着她坐上回城的班车；只要林丽下乡，不管哪户人家都愿意为

她准备一副碗筷……

　　沃尔玛，是以服务为主的公司，它能跻身世界五百强前列，这一切都是怎么实现的？真实的原因是："在沃尔玛，你能真正地感受到自己受到欢迎。"他们靠的就是这种超强的服务意识，真正受到欢迎的顾客，才是我们的忠实顾客。

　　🌿 沃尔玛公司的《员工手册》上员工服务的准则为：

树立"顾客永远是正确的"观念，必须以使顾客满意的方式解决问题。

克制自己，避免因感情影响工作，措辞上要谨慎，要用缓和的速度来说话，争取思考时间。

牢记自己代表的是企业形象，绝不能抱着"不关我事"的态度。

处理顾客的抱怨时不要拖延，而且处理抱怨的行动，也要让顾客能明显地感觉到你的努力，以止息顾客的愤怒。

向顾客道歉时要有诚意，绝不能口是心非，应该发自内心地关心顾客的的需要。

对顾客的抱怨要以婉转的语气，心平气和地加以解释，如果没必要解释的，不说为宜。

服务意识，必须作为对员工的基本素质要求加以重视。在一般情况下，一个重视服务、不断改善服务品质、提高服务质量的员工，总是更能得到公司的重用，升职与加薪的机会也会增加。即使公司并没有因为你提供的良好服务而对你有所改变，那么也请千万不要因此而灰心丧气、悲观消极，要记住：服务可以影响到工作的生死存亡，如果因为没有从服务中得到应有的回报而放弃服务，那么你将是领导心中首选的淘汰对象。

那么，什么是我们所讲到的服务意识呢？其实，从总体上来讲，最重要的、最关键的一点就是尊重顾客。夸张一点来说就是：顾客永远是最正确的。而服务的终极目标是什么呢？吴清友（诚品书店董事）认为，服务的终极目标，是精进自己、分享他人。

心海　　当你服务他人的时候，人生不再
箴言　　是毫无意义的。

　　　　　　　　　　　　　——葛登纳

心理测试

服务意识测试

共有10道测试题，每道题满分是10分，酌情打0~10分。总分100分，请如实为自己打分。

（1）在你的家里，你作为年轻的家庭成员，总能做到尊重、关心、顺从老人，关心老人的心情和健康，让老人高兴，在你的影响下，家庭关系很和睦。

（2）只要家里来了客人，你总能主动为客人沏茶倒水，与客人亲切交谈，让客人舒心、随意、高兴。

（3）和朋友们在一起时，你总是主动关心每一个人的冷暖和心情。

（4）在你工作的单位里，你总是乐于关心和帮助同事，谁遇到困难你都能尽力帮忙。

（5）你经常称赞和夸奖别人。

（6）得到别人的谅解、赞美和帮助时，你总是心存感激之情。

（7）走在大街上，有陌生人向你问路，你总是不厌其烦地给他讲解清楚。

（8）如果有人请你帮忙，而你却实在无能为力，你内心会感到愧疚。

（9）在你从业的零售店铺里，你感到有义务和责任去帮助每一位客人，让他们高兴和满意。

（10）你总是能看到别人的优点并欣赏别人。

结果分析：

得分在80分以上：说明你已经很有服务意识了，相信你一定能够成为一位了不起的服务明星。

得分为60~80分：说明你只要稍加努力，便会成为服务高手。

得分为40~60分：说明你还需要把自己的爱心扩展到更大的范围。

得分在40分以下：说明你需要经过三个月的适应性训练，来培养和提高自己的服务意识。

小贴士

服务意识训练方法

以下训练方法适用于经测试服务意识分数在60分以下的员工。

训练周期：1~3个月

训练要求：每天坚持

训练科目：

（1）每天早起，先调整自己脸部的肌肉，达到微笑状态。

（2）每天早起，单独或协助家人准备早点。

（3）准时上班。

（4）在公交车上，只要有机会，就主动为年老体弱者让座。

（5）上班后见到每个人都主动微笑并问好。

（6）每天上班时用微笑对待每一个人，尽力帮助身边的每一位同事或顾客。

（7）每天下班后，都跟家人或朋友谈些令人愉快的话题。

（8）每周看望一次自己的父母，让他们高兴。

（9）当别人和自己意见不一致时，主动采取妥协让步的做法。

（10）多挖掘和欣赏周围人的优点和长处，并不吝赞美之词。

只有坚持训练一段时间，你的心态和行为才会演变为习惯，如此坚持下去，你会收获很多。

第二节 大河有水小河满

从前有一个部落首领，腐败跋扈、骄奢淫逸，没有一个人能站出来当面指责首领；相反却有人在首领面前阿谀奉承，这样更加助长了首领的腐败和残忍。后来那里闹旱灾，颗粒不收，百姓饥寒交迫，人心不定。这时另外有个部落就趁机来攻打他们。兵临城下时，首领却带着小妾和随从正在外面打猎、游耍。危难之际，部落里有位老者急忙号召大家赶快武装起来抵御敌人，但是多数人因为对首领的不满而无动于衷，不听召唤。老者说："部落是大家的，不是首领一个人的，现在大敌当前，要以大局为重，如果部落沦陷，大家都会沦为奴隶，受苦受难的日子就没有尽头。"然而不管老者怎么劝说，大家还是听不进去。有人说："无论谁当首领，都会遭受如今这样的灾难，说不定改换其主，还有重见天日的可能。"

最后敌人攻进部落，许多人躲藏在家中不去抵抗。首领被杀，他们拍手叫好。但是他们很快就沦为了奴隶，过着更加悲惨的生活。这时人们才明白，当初还是要团结起来先打败敌人，再推翻首领，最终选出能为大家造福谋利的首领才对呀！然而，此时后悔已来不及了。

团结一心，众志成城，这是全局意识的最好体现。在职场中，我们经常会遇到个人与集体、小集体与大集体、企业与社会之间的矛盾冲突，越到紧急关头，越是需要牺牲小我，保全大局。

全局意识，顾名思义，是指能够从客观整体的利益出发，站在全局的角度看问题、想办法，作出决策。全局是一个相对概念，一座学校、一个班集体、一个国家、一个民族、一个核心利益等，都可以看作一个全局。顾大家，丢小家，讲究的就是全局意识；团结协作，讲求合作体现的也是全局意识。

与之相对的，是本位主义。本位主义者缺乏大局观和全局意识，考虑问题时往往以自我或小团体为中心，无论利弊得失都站在局部的立场上，为了维护少数人的利益而忽视整体利益，严重的甚至不惜损害集体利益而换取部分个人的私利。

🍃 2010年5月18日，在国家重点工程"沈通高速公路"施工地——抚顺市新宾县上夹河镇的一处山头上，看到供电员工们正在对受高速路建设影响的220千伏元中线和66千伏中南线进行紧张忙碌的塔线迁移。

这是国网抚顺供电公司为支持"沈通"高速公路建设，与相关单位部门积极协调配合，主动联系设计、施工单位，进行线路测量，商讨占地赔偿，改迁沿线电力线路，为高速公路"让道"。4月21日至5月18日，累计改造220千伏线路1条1.5千米，66千伏线路2条13千米，于2010年6月中旬全部完成。 同时，为保障高速公路建设的施工用电，该公司为高速公路架设临时电源，开通绿色报装通道，简化一切用电办理手续，及时解决高速公路建设的施工用电问题。

由于该主干线路关系到新宾县上夹河镇大范围的供电区域，该公司还通过科学调度电网、合理安排停送方式、优化施工方案、压缩停电时间等措施，最大限度地确保沿线居民生活正常用电。

"沈通"高速是从辽宁沈阳到吉林通化的新打通的交通"大动脉"，公路全长94千米。建成后从沈阳、抚顺等地赴吉林通化可节省一半多的时间，极大地方便了当地百姓出行，有力助推沿线县域经济的发展与振兴。

从心理学的角度来看，每个人都有自我保护的本能，当出现矛盾时，人都会首先考虑到自己的利益。但是，如果一味地只站在自己的立场考虑问题，就会走向自私的极端。在很多情况下，人的社会属性决定了团队的利益应该放在个人利益之上，才能使个人利益在团队利益的维持下得以维系。没有一个人可以脱离一个团队取得最后的成功，也没有一个团队能够离开大的环境获得最终的胜利，全局意识既是替团队负责，也是为自己负责。因此，也许从短期来看，好像是自己做出了牺牲，实则是更长远的打算。

心海
箴言

不谋全局者，不足谋一城。

——陈澹然

你是一个自私的人吗

（1）你在大街上走着，怎样会让你感觉最别扭呢？

A. 穿着过时的衣服

B. 拿了特大的黑皮包

C. 领着别人的孩子

（2）你要到校庆晚会上去当嘉宾，你认为什么颜色的衣服最出彩呢？

A. 黄　　　　　B. 绿　　　　　C. 红

（3）在价钱和主要性能差不多的情况下，你会根据哪一点来选择购买一台计算机？

A. 环保　　　　B. 款式　　　　C. 配置

（4）夏天，你要去的避暑胜地却遭遇了百年不遇的洪灾。你的第一反应是什么？

A. 那里的人真可怜

B. 气候问题真成了全球的公害

C. 完了，我的计划泡汤了

（5）和同学同时在完成一个任务，到紧要关头时她的计算机突然坏了，你会怎么做？

A. 放下自己手头的事，全力帮助她

B. 先平静地处理好自己手头的事，然后再帮助她

C. 不管她，抢先独自完成自己的任务

（6）你的一位同学遭受了重大打击，于是向你来寻求

安慰，而你正好要去参加一位好朋友的生日聚会，你会怎么做？

A. 不去参加聚会，并像哥们儿一样和他谈心

B. 就算不情愿，还是留下来陪伴他

C. 对他说你现在有很重要的事，改天再说

（7）一位魔法师答应可以对你的人生作一项改变，你会选择什么？

A. 最多的朋友　　B. 最美的容貌

C. 最多的金钱

（8）有机会让你做一件你一直不敢做的事，而且确保不会出现任何后果，你最想做的是什么？

A. 向暗恋已久的对象表白

B. 摸一下老虎屁股

C. 把你最不喜欢的老师臭骂一顿

（9）世界上只剩下一种食物可以吃，你希望这种食物是什么？

A. 蔬菜　　　　　B. 肉　　　　　C. 甜食

（10）当你的生命只剩下一天了，你选择如何度过呢？

A. 和每个朋友告别

B. 和家人享受家庭生活

C. 痛快地疯玩一天

计分方法：选A得1分，选B得2分，选C得3分。

结果分析：

得分在15分以下：你跟自私搭不上关系。

　　有好事的时候，你总是最后一个才想到自己；而当别人有困难的时候，你也会毫不犹豫地伸出援手。但好心到了泛滥的程度同样是要引起"灾难"的，你的滥用好心不仅会给别有用心的人可乘之机，就连你的朋友有时也会难以承受，好心也需要一个限度。

　　得分为15~25分：你能将自私控制在道德范围内。

　　你总能很好地平衡你个人和他人间的利益。一方面，你能够做到真诚地对待朋友，又总能顾及别人的面子，这使你总能获得别人信任；另一方面，你的谨慎使得你既不轻易付出什么，也绝不会在原则问题上让步。但你难以和自己不同类的人相处。如果你给心胸狭窄的人留下圆滑的印象，那你可就惨了！

　　得分在25分以上：你的自私需要收敛一点了。

　　你这人确实很精明，比较擅长自己制造快乐，享受更是你不用学就会的天赋。然而，过于以自我为中心，只考虑自己，不顾及别人，这种自私的性格会让你失去许多，朋友们也可能因此而远离你。

小贴士

纠正自私心理的方法

（1）经常进行自我反省。自私常常是一种下意识的心理倾向，要克服自私心理，就要经常对自己的心态与行为进行自我观察。观察时要有一定的客观标准，即社会公德与社会规范。要向一些正直无私的人学习，在英雄与楷模事迹中净化自己的心灵。

（2）多做一些献爱心的事情。一个人想要改正自私心态，不妨多做些利他行为。例如，关心和帮助他人，给希望工程捐款，为他人排忧解难等。平日里可以从让座、借东西给别人这些小事情做起，多做好事；可在行为中纠正过去那些不正常的心态，从他人的赞许中得到乐趣，使自己爱上奉献。

（3）回避性训练。这是心理学上以操作性反射原理为基础，以负强化为手段而进行的一种训练方法。通俗地说，凡是下决心改正自私心理的人，只要意识到自私的念头或行为，就可用绑在手腕上的皮筋弹击自己，从痛觉中得到警醒，促使自己纠正。

第三节　平凡人的伟大

两支火把，奉火神之命到世界各地去考察。其中一支没有点燃，另一支是点燃的，发出很亮的光芒。

过了不久，两支火把回来提交考察报告。

第一支火把说，整个世界都陷在浓郁的黑暗中，它觉得眼前的世界，情况很糟，甚至已到了极点。

整个世界都陷在黑暗之中，情况很糟糕。

无论到哪里，总可以找到光明，这个世界充满希望。

　　第二支火把的报告刚好相反，它说无论到那里，总可以找到一点儿光明，这个世界是十分有希望的。

　　听了这不同的报告，火神对第一支火把说："也许你该好好地问一问自己，有多少黑暗是自己造成的？"

　　我们每个人都是一支火把，点燃了自己就会照亮身边的天地。我们在给予别人光明的同时，也给了自己光明。我们奉献出自己时，也证明了自己的价值。

　　"奉"，即"捧"，意思是"给、献给"；"献"，原意为"献祭"，指"把实物或意见等恭敬庄严地送给集体或尊敬的人"。两个字和起来——奉献，就是"恭敬地交付，呈献"。

　　赠人玫瑰，手有余香。奉献精神是一种爱，是对自己事业的不求回报的爱和全身心的付出。对个人而言，就是要在这份爱的召唤之下，把本职工作当成一项事业来热爱和完成，从点点滴滴中寻找乐趣；努力做好每一件事、认真善待每一个人，努力地用这份爱去感染身边的每一个人，用大家的无私奉献编织出事业的美丽蓝图。

　　奉献精神是社会责任感的集中表现。对一个人来说如此，对一个企业来说也是如此。具有奉献精神的人会把职业当事业来做，会把自己全部的智慧和精力投入到工作中，更能取得成功；

具有奉献精神的人会将企业的信条和目标当成自己的信条和目标，一言一行都能代表企业的形象，帮助企业不断进步；更重要的是，具有奉献精神的人能影响周围的人，共同担负起企业所承担的社会责任。

奉献精神是我们民族精神的一部分。先天下之忧而忧，后天下之乐而乐是奉献；春蚕到死丝方尽，蜡炬成挥泪始干也是奉献；落红不是无情物，化作春泥更护花是奉献；鞠躬尽瘁，死而后已也是奉献；挺身而出炸碉堡是奉献，我为祖国炼石油也是奉献；大公无私立志慈善的是奉献，扎根一线默默付出的也是奉献。从古至今，无私奉献者始终散发着爱、给予、包容、为他人着想、舍己为人的光芒，为世人所敬仰和学习。

🌱 2014年"湖北好人"、"十佳青年志愿者"提名奖、黄冈市"道德模范"及红安县首届"道德模范"都集中在了一名普通的农电工身上，他就是国网红安县供电公司农电工王春华。

身为一名农电工，服务在最基层，下乡架线、抢修，常常会看到一些贫困家庭，他们的生活现状对王春华的触动很大。被孤寡老人收养的弃婴、午餐只有一个菜的乡村小学……山区里不少家庭因为留守问题、先天疾病等原因，至今只能满足基本温饱，孤寡老人、留守儿童的营养、心理、情感、教育等长期缺乏，特别需要帮扶。"每当看到那一双双无助的眼睛，内心就不由得生出了要去给予他们的渴望。"王春华把深入山村巡线和抢修的时机与公益走访巧妙地结合起来，在他负责的七里坪镇罗畈村等片区，每到一个村，他都要通过村民了解困难户情况，搜集真实资料，走访、统计、协调，并给予帮助。渐渐地，他的善举得到了认同，小组从最初的三四个成员，在一年时间里迅速扩大到四五百人，有些还来自黄冈、武汉等周边地区，形成了一支资源丰富的爱心团队；帮扶对象也由他负责的那个村扩展到整个红安城乡。在这片红色革命老区的土地上，王春华带领着"春华爱心志愿者服务队"，再次掀起了暖人暖心的红色浪潮。

在他帮助的人中，有单亲家庭的孩子，有留守儿童，有残障儿童，还有孤寡老人，以及精神病患者。王春华近乎他们的亲人，每走到一家，不是做"父亲"，就是做"儿子"。三年多来，王春华从用自己微薄的工资帮助更困难的人开始，到现在四处筹集资金广泛关爱贫困群体，经他帮助过的贫困家庭直接或间接的有200余户，孤寡老人数百人，经过他帮扶的大小款项有近百万元。

现代社会，对自我意识的提倡逐渐使某些人觉得追求自我和无私奉献是对立的关系。其实不然，马克思主义哲学认为：人社会价值的大小，主要取决于个人对社会奉献的多少；心理学家阿德勒也认为，自我意识只有融入到社会意识之中，才能成为最自然的状态。试想，一个人满脑子只想满足自我意识，不断地侵占社会资源，那么他一定会陷入占有的痛苦当中，他的一生就是在争夺、焦虑当中，这些情绪反过来进一步加深了他的占有欲望，因此，除了不断地占有，他没有别的目标了。这样的人，在精神上是贫穷的，在心理上空虚的，甚至会产生心理疾病。可见，自我意识应该是有"度"的，它和奉献精神毫不对立，而是完全可以"和谐相处"的，也只有这样，才能使每个个体的人生价值得到充分展现。

心海箴言

对人来说，最大的欢乐、最大的幸福是把自己的精神力量奉献给他人。

——苏霍姆林斯基

心理测试

你在生活中是否乐于助人

（1）有一位朋友在你举行舞会的前一晚，才打电话来询问你，她可否把男朋友也带来，你会有何反应？

A. "恐怕不能。"你回答她，并在心里说，真是厚脸皮。

B. "没问题，如果你们相爱的话。"

C. "当然可以……如果你们不介意拥挤的话，因为我订的场地实在小得可怜。"（对方从你的回答中可听出一点不高兴的意思。）

D. "可以，我真想见见你男朋友呢！"

（2）你的妈妈住得离你很远，她请求你在她外出期间，每周两次去她家给花浇水，你会做何反应？

A. 唉声叹气，但也会帮忙，因为她毕竟是你妈妈。

B. "好的，但我每星期只能去一次。"

C. "没问题，只要我的男朋友同意陪我一起去的话。"你回答。

D. "什么？开玩笑！你请邻居帮忙不就可以了吗？"你尖叫起来。

（3）你的朋友想让你在她家里等候维修人员上门，而她自己则去上班，你会做何反应？

A. "好，反正我也想休息一下。"虽然事实上你有其他的事正准备去处理。

B. "我恐怕有别的事要办。"你以实相告。

C. "好吧，但我中午必须走的。"你告诉朋友。

D. "没问题，可你要多准备些好吃的。"

（4）在饭店，你已吃完所有食物，侍者送上账单，门外正排着一队饥肠辘辘、等候座位的顾客，但你仍意犹未尽，这时你有何打算？

A. 不太情愿地说："看来，我得走了。"

B. 把钞票扔到桌上，然后撞门而出。

C. 再要一杯咖啡，因为你从不喜欢匆忙。

D. 在你起身离去时，你心想，何不到自己家里去再喝上一杯呢。

（5）你有一位整天爱滔滔不绝说话的表妹，她打算在周末来探访你，这时你有何打算？

A. 跟随她一起上街、购物、美容，一边让她叽叽喳喳说个够。

B. 把所有的注意力都集中在她身上，心想，这个可怜的女人真孤独。

C. 到最后一分钟才取消这次见面，说你整个周末都要加班工作。

D. 向她解释说，你可以在办完事之后，在跟男朋友约会之前安排与她见面。

（6）自从你搬进一套较大的住房以后，人们都想到你的新居来玩，你会怎样安排？

A. 即使心理不太乐意，但仍然在家准备饮料、点心等。

B. 欢迎所有的客人到来。

C. 只让亲戚到访。

D. 拒绝，因为你的家并不算太大。

（7）你最要好的朋友恳求你："你能帮我一个忙吗？"还没来得及细想，你会如何回答？

A. "我试试看，有什么事？"

B. "那要看是什么事。"

C. "大概不能，因为最近我太忙了。"

D. "为了你，赴汤蹈火我也在所不辞。"

（8）当你的上司差遣你帮他买一个儿童玩具给他6岁的侄女时，你会怎样应对？

A. "啊呀，我的工作正忙不过来呢，再说玩具店不是可以送货上门吗？"

B. 立刻出门，因为平时难得有机会溜出公司逛一会儿。

C. 提醒他这并不是你工作范围内的事，然后答应这次帮他这个忙。

D. 帮他把儿童玩具买回来，因为你想，你的工作就是要简化他的生活和节省他的时间。

（9）你再也耗费不起一个星期的下午来照顾你的教女了，当她的父母再次请求你这么做时，你会怎么回复？

A. "如果你们需要的话，我会来，但现在是重新考虑往后怎样照顾孩子的时候了。"

B. "对不起，我也很忙。"

C. "这是教母的职责，你们何时需要我？"

D. "没问题，但你们必须先喂她吃好午饭，然后我会带她去公园的。"

（10）你那情投意合的男（女）友提议去某处度周末，可是你已多次去过那地方，而且你很想好好地休息一下，你会怎样回复他（她）？

A. 告诉他（她），你对此提议没有兴趣。

B. 答应他（她），并自己掏钱买去那儿的车票。

C. 提议不如去另外的某处度周末。

D. 向他（她）解释你没有多余的钱花在度周末上，如果他（她）愿意承担全部费用的话，你乐于奉陪。

（11）下列所述的各种情况，你认为对的请写"T"，不对的请写"F"。

A. 在你跟朋友通电话时，他因为要接听另外一个电话而让你等候时，你会毫不在意。

B. 帮朋友搬家整理东西对你来说并不是什么大事。

C. 当陌生人需要兑换零钱乘坐公共汽车时，你都会检查钱包看看能否帮忙。

D. 如果朋友想你送她去机场，你会乐于帮忙。

E. 带朋友的狗去看兽医是你的乐事。

F. 为男（女）朋友去洗衣店取回衣物。

G. 如果有人向你借5元钱而忘了归还，你并不打算催还。

H. 有一位朋友患了重感冒，你会抛下一切去为她煮一锅鸡汤。

I. 舞会结束以后，你通常会帮助主人收拾一切。

J. 当你邻居请你带她那好勇斗狠的狐狸狗散步时，你并不觉得她是在强人所难。

K. 你乐于为你的表妹以前的同事写一封推荐信。

L. 帮祖母把旧衣服分类是很好玩的。

M. 有朋友问你借较贵的东西，你会借给她。

N. 有朋友在你家借宿一晚之后，你并不觉得换洗床单及清洗额外的枕巾、毛巾等是十分麻烦的事。

O. 你在各种集体活动中总是十分热心，而且人尽皆知。

计分方法:

（1）A—0，B—1，C—2，D—3；（2）A—3，B—1，C—2，D—0；（3）A—3，B—0，C—1，D—2；（4）A—1，B—3，C—0，D—2；（5）A—2，B—3，C—0，D—1；（6）A—3，B—2，C—1，D—0；（7）A—2，B—1，C—0，D—3；（8）A—0，B—2，C—1，D—3；（9）A—1，B—0，C—3，D—2；（10）A—0，B—3，C—2，D—1；（11）每一个"T"均得1分，每一个"F"均得0分。

结果分析:

得分在9分及以上：你只会照顾自己。你只会把全部的注意力都集中在自己的工作和生活上，并尽可能反过来要求别人帮助你。有些人不肯帮助别人是因为他们极端自私，但有些人是因为他们困在自我保护的模式之内。要知道，你那只顾自己的生活态度会令朋友、同事疏远你，而且你也不会体会到跟大家向着同一目标共同合作的那种群体精神和高昂士气，你最终只会以孤独收场。

得分为9~19分：你肯伸出同情之手，但又有所保留。你并不是不喜欢帮助人，只是害怕被别人利用。不过，你的努力仍然是值得欣赏的，而且在你有困难时，人们也会帮助你。

得分为20~39分：你心地善良，乐于助人而不会抱怨，也不会斤斤计较。事实上，帮助别人也会令你自己开心，你有本事把帮忙变成乐趣。朋友们会分外珍惜你的慷慨相助，而且时常会找机会主动帮助你。

参考文献

［1］最是一谱值千金. 湖北电力报，2014-12-16（4）.

［2］不倒的铁塔. 国家电网报，2011-6-28（3）.

［3］今天，整个杭州只有一位司机. 杭州日报，2012-6-3（1）.

［4］雨雪夜袭 荆楚再披银装. 湖北日报，2015-2-2（10）.

［5］世界首次特高压线路直升机带电作业试验成功. 国家电网报，2014-12-11（1）.

［6］狄克·拉波波特. 性格测试大挑战. 李永灿，译. 哈尔滨：北方文艺出版社，2005.